トランプのアメリカに住む

吉見俊哉
Shunya Yoshimi

岩波新書
1736

リチャード
　計画はもうできている。でたらめな予言や、悪口を書いたビラや夢占いで、恐ろしい序の幕はもう切って落とされている。兄王エドワードと次兄クラレンスとが、お互いに不倶戴天の憎悪を抱くようにしてやるのだ。
（ウィリアム・シェイクスピア『リチャード三世』第一幕第一場、大山俊一訳、『シェイクスピア全集』5巻、筑摩書房、一九六七年）

「リチャードの極悪さは、ほぼ誰からも一目瞭然だった。彼の冷淡さや残忍さ、陰険さについて何も深い秘密はなかった。彼に罪の贖いをする兆候がないことも、彼が国をしっかり統治するなど信じようがないこともわかっていた。だからこの劇が掘り下げるのは、いかにしてそのような人物が、実際に英国の王冠を手に入れたかという問いである。シェイクスピアの示唆では、この達成は、彼を取り巻く人々の、多様だがそれぞれ同じく自滅的な反応が致命的な仕方で結合したことによる。それらの反応は一体となって、国全体に集団的な破綻をもたらしていった」
（スティーヴン・グリーンブラット『暴君』Stephen Greenblatt, *Tyrant: Shakespeare on Politics*, W. W. Norton & Company, 2018）

目　次

はじめに　トランプのアメリカに住む　2017–18

ハーバードへの旅　アメリカの混乱

私は二〇一七年九月から一八年六月までの一〇か月間、ハーバード大学で教えるため、キャンパスのあるマサチューセッツ州ケンブリッジの近郊ベルモントに滞在した。アメリカ行きを決めたのは、実際に行く一年以上前、二〇一六年の夏以前だったので、その時点での目標は、あくまでハーバードの教育システムの内部に入り、それがどのように廻っているのかを体験してくることだった。ところが同年一一月八日の米大統領選挙での大方の予想を覆す結果は、私のアメリカ滞在に当初の予定とは別次元の、もう一つの目標を持たせることになった。

私の滞米は、二〇一七年一月に大統領に就任したドナルド・J・トランプの政権一年目から二年目にかけての時期となる。どんな大統領でも、就任して一年目から二年目あたりは政権の本性が見えてくる頃である。ところがトランプ政権の場合、一年を経過するよりもずっと前から、大統領自身の口から性懲りもなく飛び出す暴言とコロコロと変わる決定で、アメリカ社会を混乱の渦中に陥れていた。何よりも、歴代大統領が暗黙裡に前提としてきた常識から大きく逸脱する非常識この上ない政権が巻き起こす混乱は、アメリカという国が長く隠蔽してきた多くの亀裂や根深い問題を、次々に白日の下にさらけ出していた。「トランプのアメリカ」の虚勢や自惚《うぬぼ》れ、エゴイズム、差別意識、反知性主義とポスト真実等々——そのすべてが、今日のアメリカそのものなのである。まさにそのアメリカに住むことで見えてくる世界の変容とは何か。ハーバードでの授業準備の傍ら、それも考えなければならないと私は思い始めた。

だが、それでも一年間、ハーバードで教えてみたいと思ったのは、一〇年近く、東京大学で各種の教育改革の仕事に関わった経験からだった。日本の多くの大学の困難と迷走は、単にグローバル化やデジタル化の波に乗り遅れたからというだけではないし、部分的に改良を加えたくらいではどうにもならない構造的な要因に由来していると感じていた。同じようにトップレベルの大学と言われるなかで、何が日本の大学とアメリカの大学の間で根本的に違うのか。様々な書物や論文を読めば、教育学者が調査し、教育ジャーナリストが取材した情報は得られるし、その程度の勉強はしてきたつもりだが、隔靴掻痒。私は、自分が身をもってハーバードの教育システムのなかに入ってみることで、この問いへの答えを出したいと思っていた。

実は、ハーバードからは一〇年ほど前にも一年来てみないかという誘いはあったのだが、その時には東大側で自分に海外に行けなくなる事情が発生し、断念してご迷惑をかけていた。すっかり時間が経っていたし、身勝手この上ない希望だったが、若干の経緯を経て快く受け入れていただき、二〇一七年から一八年にかけてハーバードで教えることになった。その結果は、本書の第3章に書いた通りである。日米の大学教育の仕組みには、眩暈《めまい》を覚えるほどの違いがあるというのが実感だった。たしかに東大とハーバードの学部学生の知的な反応を比較するならば、私にはほとんど差はないと感じられた。しかし、教育の仕組みやその根底にある大学についての考え方がまったく違うのである。一言で言うならば、大学の根幹が何よりも高度な「教育」にあること、その基本の仕組みが教員個人の責任においてではなく、大学という機関によって組織的に用意され、授業の情報や成績評価の妥当性、教育の質が徹底的に可視化されている点で、ハーバードは日本の国立大学の現状と大きく異なっていた。

この違いは、ずっとそうだったのか。それともここ数十年間で、日米の差は縮まるどころか広がったのか。ハーバードでの様々な関係者との対話からの結論を言えば、答えは後者である。つまり、過去数十年で日米の大学教育の差は、縮まるどころか広がったのだ。一方で、日本では大学設置基準の大綱化や大学院重点化、国立大学法人化といった改革政策が施行されたが、これらは結果的に教養教育の解体や大学院修了者の就職難、分野による格差拡大と若手研究者ポストの不安定化を生じさせ、総じて大学教育の質を低下させた。他方、アメリカのいわゆるエリート大学では、豊富な資金を基盤に体制整備が進められ、教育の仕組みが精緻化していった。もちろん、同じアメリカ国内でも大学間の差は著しい。しかし、少なくとも上位の諸大学では、第3章で論じるような仕組みが過去数十年間で確立していったのである。

日本の教育政策は、当然ながらこのようなアメリカの動きを横目で見ていたから、様々な改革を部分的にでも導入しようと努めてきた。しかし、これも第3章で論じるように、基盤のできていないところにいくら新しい要素を導入しても、結局は根づかないのである。必要なのは部分的な改良ではなく、根幹からの構造的な変化だが、何が「根幹」で、諸要素はどのように結びついているのかという点について、日本国内の議論は合意しているわけではない。

もちろん、私は単純にアメリカの高等教育を日本が見習うべき未来として称賛しているのではない。私は、これまで一貫して現代世界におけるアメリカの覇権に批判的だったし、今もそうである。本書の第1章以降も、アメリカを「モデル」よりも「問題」として論じている。それにもかかわらず、少なくとも大学教育の仕組みの点では、日米には質的な差があり、この差は文化の違いだとか教育の新自由主義的管理化だとかいった言葉で片付けてしまえるようなものではないのである。私の滞米中、何人もの若手研究者が日本から訪ねてきてしばらく滞在したが、見事にその全員が、「これが大学ですね。日本で感じられないものがここにはあり、目から鱗《うろこ》が落ちます」といった趣旨のことを言って帰っていった。このように彼らに発言させてしまう日本の大学の現状は、やはり何かが変なのである。その異様さを反省するためにも、今日のアメリカのトップレベルの大学の教育の仕組みには、真摯に注目すべきものがある。

ライシャワー邸からの眺め

さて、ハーバード大学のお世話で私たち家族が住んだのは、かつてエドウィン・O・ライシャワー氏が駐日大使を終えて帰国後に住んでいた家だった。「エドウィン・O・ライシャワー・メモリアル・ハウス」と名づけられたその家は、ライシャワーの死後、講談社の所有となり、やがて地元のビル・ハント氏が引き取って改修し、日本からハーバードに来る客員教授のために提供して下さっていた。過去二〇年近くの間にこの家で暮らした人々には、五百旗頭真、武見敬三といった錚々《そうそう》たる名前が並ぶ。私がその末席を汚すのは畏れ多いが、こんなありがたい機会はもう二度と来ないだろう。この家では、私たちの居住スペースの下の階がライシャワー氏の記念室になっており、彼が駐日大使として過ごした時代のアルバムや記念品が展示されていた。この歴史的空間で、一年弱の日々を過ごすことの魅力は大きかった。

そのライシャワー邸は、大学キャンパスのあるケンブリッジから車で西北に二五分ほど行ったベルモントの林のなかにあった。周辺は高級住宅街で豪邸も多かったが、ライシャワーが住んでいたのは、むしろ彼が子どもの頃、学校の休みに多くの時間を過ごし、後年に至るまで「世界中でいちばん愛する場所」としていた軽井沢の別荘を連想させるシンプルなモダンスタイルの木造住宅だった。しかもこの家には、随所に日本的な建築感覚が埋め込まれていた。通常、ニューイングランドの木造住宅の外板は横張りで、明るいはっきりとした色調のものが多い。しかし、ライシャワー邸の外板は、日本の多くの伝統的な木造家屋と同じように縦張りで、色も黒に近いこげ茶だった。つまり家の外形はアメリカ式なのだが、細部は日本風という印象である。とりわけこの家の最大の特徴は、大きな窓やガラス扉越しに内部から見える庭の風景にあった。それらの窓や扉の先の庭には、様々な種類の紅葉が植えられ、藤棚もあり、季節の変化が紅葉の葉の色や落葉、冬場の雪景色、そして春の新芽にはっきり感じられた。

しかも、家の庭は広大な鳥類保護林に隣接していた。林にはいくつもの小径があり、散歩に最適だった。ここではリスやウサギをごく当たり前に見かけたが、野生の七面鳥も珍しくなかった。私はこの林を歩くなかでシカやキツネに出会ったし、人からはそのうちコヨーテにも出会うだろうと聞かされていた。ライシャワーは自伝のなかで、晩年、冬場をカリフォルニアで過ごすようになった際、「一年のうち九カ月は家のまわりの林の移り変わりを見ながらベルモントに暮らすのは悪くなかったが、ニューイングランドのきびしく雪の多い冬は避け得るならそれに越したことがなかった」(『ライシャワー自伝』文藝春秋、一九八七年)と書いているが、まさにその通りだった。ボストンの冬の寒さは厳しかった。しかしそれは一月から三月初めくらいまでのことで、それ以外の季節の自然は実に豊かだった。ライシャワー夫妻は、それを大いに楽しんでいたはずである。

ライシャワー邸の前に立つ著者

もちろん、私の立場はライシャワーのそれとは大きく異なる。私が仕事に使っていた部屋の壁にはライシャワー氏の肖像写真が掛けられており、私が机に向かっていると、後ろから彼が睨むような格好になった。そのまなざしに、私はいつも、「そう、もちろん私が書くことはあなたの気に入らないはずだ。でも私は今、あなたのこの家に住まわせていただいていることに深く感謝している」と答えていた。思想的には同意できないとしても、彼の家に何か月も住むなかで、この戦後日米関係で重大な役割を演じた人物が、日本人に対して抱き続けた感情は理解できる気がしてきた。彼は一九六四年三月、米大使館前で一九歳の少年に襲われ、重傷を負って虎の門病院で大量輸血を受けた。その際、「わたしは日本に生まれたが、日本の血はなかった。だが、昨日一日でたくさんの日本人の血を輸血してもらったので、こんどは混血になったような気がしている」(「朝日新聞」一九六四年三月二五日)と語った。やがてこの時の輸血管理の不備から慢性肝障害になってしまった後も、恨み言一つこぼさなかった。それどころか八三年の来日時に倒れて大量輸血を受けた時も、「再び私の体の中に入った数多い日本人献血者の大量の血液により、私は一段と本物の国際人になった」(「朝日新聞」一九八三年五月四日)と語っていた。彼のこのアメリカ人=日本人になることへの献身的な心情に嘘は一切なかった。私が住んだ家の隅々に染みついた「日本」、そして駐日大使として残した記録の品々から、この人が全力で戦後日本人のために尽くそうとしていた心情が伝わってきた。

だから明らかに、私のライシャワーへの異論は、彼の人格に対してではなく、彼が拠って立っていたパラダイム、すなわち近代主義と日米同盟に対する徹底して肯定的な視座にあった。彼は自伝をはじめとする多くの著作で、自分が大正デモクラシーの時代の東京で育ったことの幸運を語っていた。ライシャワーによれば、日本の近現代は大雑把に、明治の文明開化でリベラルな方向に振れ、日露戦争の頃になると帝国主義的意識が隆起し、大正デモクラシーで再びリベラルな方向に振れたのだが、その後のファシズムの擡頭で大きな間違いを犯す方向に振れていったということになる。この把握においては、大正デモクラシーが日露戦争後に日本が東アジアの帝国となっていく過程で実現したものだったこと、だから近代が辿ってきた「自由」と「戦争」の関係は、逆方向への振れというよりも、「自由」自体のなかに他国への侵略や植民地化、帝国間の戦争といった契機が内包されていた結果であるとの認識が希薄になる。

こうしてケネディ＝ライシャワー路線として語られた対日政策は、かつてマッカーサーが体現していた露骨に軍事的で家父長的、植民地主義的ですらあったアメリカの顔を背景化させ、デモクラシーの擁護者としてのアメリカを軍事的暴力としてのアメリカから切り離した。しかも、そのデモクラシーはアメリカからの輸入品ではなく、戦前から日本が発達させていたものだと強調された。ライシャワーは、日本が自らの戦前からの内なる伝統でもある民主主義を、己の意志と力で復活させ、成熟させていくよう励まし続けた。彼は大使在任中、一貫して日米関係で軍事的な側面が前面に出ることを避け、日本の近代化が日本人の内発的な努力の結果であることを強調したのだ。その日本観は、マッカーサーのそれとはまったく異なり、むしろ七〇年代から日本で擡頭してくる保守的な近代化論者に近かった。この観点において、日本の非軍事的ナショナリズムとデモクラシー、日米安保体制は三位一体をなしていた。

ライシャワーによって導入されたこのパラダイムは、一九八〇年代まで支配的な地平であり続けた。たしかに中曽根政権以降、日米関係は徐々に軍事的な顔も隠さなくなった。しかし、9・11の衝撃を経てアメリカが軍事力むき出しの単独行動主義に突き進んでいくまで、日本のナショナリズムは何よりも経済的なものであることが期待され、このことは八〇年代の日米貿易摩擦の時期にも変わらなかった。つまり、そこには一貫して戦後日本の経済発展とナショナリスティックな心情の平和的結合があり、それは多くの日本人がアメリカの核の傘の下にすっぽり入りつつ、そのことを忘却することによって実現していた。この構図は、まさしくライシャワーが実現を目指した方向であり、日本人は見事に彼の期待に応えたのである。その期待からすれば、大正デモクラシーが挫折したのは抑圧的な軍の外からの介入によるのだから、軍事的抑圧が生じないようにできたなら、大正デモクラシー的なものは戦後日本で安定的に成長するはずだった。日本軍が解体された後、米軍の日本社会への影響を極小にしていけるなら、日本はこのデモクラシーを発展させていく地力を十分に備えている、ライシャワーはそう確信していたし、日本政府も日本人も、たしかにこの路線を大いに歓迎したのである。

トランプ・ショックとは何か

だが冷戦崩壊後、このパラダイムは徐々に有効性を失っていく。まず、韓国や台湾、シンガポール、そしてやがて中国経済の擡頭により、自由主義圏の経済基地としての日本という役割は大幅に後退した。アジア全体に消費社会が浸透し、経済や文化の面で東アジア諸国の差は限りなく相対的なものになった。その一方で、日本と韓国、とりわけ日本のなかでも沖縄に大規模な米軍基地が残り、中国の拡張志向や北朝鮮問題の緊迫化のなかでその軍事的重要性はむしろ増していった。多極化する世界のなかで、日本が特権的に非軍事的であり続けることに暗雲が垂れ込めだしたのである。そしてアメリカは、その多極化する世界の複雑さに辛抱強くつきあうよりも、しばしば自己の軍事的優越を過信して単独行動主義に走っていった。

この点で、レーガンからブッシュ父子へ、そしてトランプへという共和党政権の流れは一貫している。しかしこの傾向が一線を越え、アメリカがもはや世界の「リーダー」よりも「リスク」であることが明白になっていったのは、9・11の事件の衝撃のなかでジョージ・ブッシュ(子)がイラク戦争に突き進んでいった時からだった。あの時以降、アメリカ社会はどんどん内部の亀裂を深刻化させ、その困難はオバマ大統領の理想主義的理念をもってしても止めることができなかった。一九八一年のレーガン政権誕生、二〇〇一年のブッシュ(子)政権誕生から一七年のトランプ政権誕生までを並べれば、共和党のアメリカ大統領は、どんどん質を劣化させ、落ちるところまで落ちていったが、その方向に変化はないことを確認できる。

歴史的現象としての「トランプのアメリカ」を理解するために、本書は四つの分析的視点を重視している。第一は、ポスト真実化である。トランプ大統領の誕生がそれ自体、「フェイク」のような出来事だった。二〇一六年の大統領選挙で、ロシアの諜報機関はヒラリー・クリントンの当選を阻止し、トランプ当選を促す方向で大規模なインターネットを通じた工作をしていた。ロシアからすれば、トランプが大統領になればアメリカは混乱し、その世界的覇権が後退することは予想できた。無数のフェイクニュースが、「フィルターバブル(Filter Bubble)」に閉じ込められたネットユーザーに浸透し、トランプ票を押し上げた。しかしそもそも、イラク戦争開始を決めたときのブッシュ大統領の根拠はほとんどフェイクであったわけだし、さらに遡れば、アメリカはすでに、自己演出の才があった俳優レーガンを大統領にした時点でポスト真実時代に入っていたのかもしれない。だから八〇年代以降のアメリカはそもそも虚構的であり、トランプはその延長線上に出現したと言えなくもない。しかし、ネット社会の新しいインフラ上でこそ、「トランプのアメリカ」の日常が営まれていることも銘記しておきたい。

第二は、もちろん階級の次元である。トランプ大統領は、アメリカ中西部などの「錆びついた工業地帯(ラストベルト)」の白人労働者に支えられている。南部の保守層とは異なり、これらの人々はもともと共和党支持だったわけではない。彼らはもともと民主党の強固な基盤だった。ところがアメリカの重厚長大産業が、日本や韓国に追い上げられ、さらに産業構造の転換のなかでICT産業などに主役を奪われ、彼らから未来への希望が失われていった。かつて、「豊かなアメリカ」を享受していた労働者は、その「アメリカ」の喪失を経験し続けてきたのである。彼らがやがて、民主党を見捨ててトランプ支持に廻ったのは、根本的に「未来」ではなく「過去」に向けての行動である。トランプ政権は、あらゆる意味で「反動」の政権であり、アメリカ社会のなかの「反動」の力学を狡猾に利用している。換言するなら、「トランプのアメリカ」を理解するには、アメリカ社会における「階級」意識の現在を問う必要がある。

この第二の次元は、ナショナリズムと人種主義という第三の次元と表裏をなす。トランプ政権にこの第三の次元で過去の共和党政権と異なる大きな特徴があるわけではない。むしろ、この次元を決定的に革新したのはオバマ前政権だった。アフリカ系アメリカ人の初めての大統領として、オバマはアメリカがその人種的亀裂を乗り越え、異なる人種、民族の人々が共通の国民的理想に向けて協働する方向を主導した。トランプ政権は、あらゆる意味で「オバマを否定する」政権なので、結果的に人種的対立を調停どころか、むしろそれを煽るふるまいをする。

このトランプの反動に対しては、スポーツから芸能までを含め、アメリカ国内の草の根的な活動から反対の声が上がってくる。その結果、トランプは、草の根のレベルで結びつくアメリカの民主主義から抵抗を受ける、まるで独裁者のような位置に立たされるのだ。

そして最後の、第四の分析次元が、性差別と暴力の次元である。アメリカは銃所持に偏執的なほど固執する社会だが、この固執の根底には、男性主義的な性意識があるのではないか。つまり、アメリカの高校や大学、映画館やコンサート会場で繰り返される銃乱射事件と、アメリカ社会で屈折して再生産され続ける男性性には関係があると私は考えている。そう考えると、それらの銃撃事件と二〇一七年から一八年にかけて大騒ぎになった無数のセクハラ事件には通底する基盤があるとの仮説が成り立つ。そうならば、この暴力と性差別に対抗すべくソーシャルメディアを駆使して立ち上がった女性たちが主導した「#MeToo」ムーブメントと、高校生たちが主導した「#NeverAgain」ムーブメントの間にも共通性が見いだせるはずである。この仮説は、何が二〇二〇年の次期大統領選挙に向け、トランプ的なるもの、その暴力と虚偽と排除に満ちたアメリカを打ち破っていくのかを考える重要な試金石になるはずだ。

本書では、以上の分析次元に関し、第1章ではポスト真実化、第2章ではナショナリズムと人種主義、第4章では性差別と暴力、第5章では階級について主に扱っている。もちろん、この対応は閉じたものではなく、第2章の議論でも性差別や暴力への言及がなされるし、階級を論じる際に人種やジェンダーにも視野を広げている。これらの議論を経て第6章では、この「はじめに」の前半で論じたライシャワーやアメリカの地政学的現在について再び考える。以上の主題の配列は、それぞれの原稿を雑誌『世界』に連載した際の順番のままで、初期の原稿は二〇一七年末に書かれている。本書出版までに一年近い「時差」が生じたため、その間に起きたことをフォローアップする意味で、各章に「後日談」と題する一節を付した。

ローティの予言と文化批判的知の使命

「トランプのアメリカ」は、二一世紀初頭の文化批判的な知が、決して避けて通ることのできない試金石的な問いである。ここで重要性を増しているのは、一九九〇年代末、リチャード・ローティが、それらの知の盲点を突いた批判である。ローティの予言的批判に対し、その後のアメリカや日本の文化理論が十分に説得的な反論をしてきたとは、私には思えない。

ローティはまず、一九六〇年代以降、アメリカの左翼的知性に改良主義〈左翼〉から文化〈左翼〉へのパラダイム転換が生じたと論じた。六〇年代までアメリカの〈左翼〉をリードしていたのは、マルクス主義よりも、「弱者を強者から守るために立憲民主主義の枠組の中で奮闘」する改良主義だった。彼らが第一義的に取り組んだのは、アメリカ国内における富の公正な再分配である。自由主義的な市場原理が貫徹することに反対し、労働者の保護と中産階級の育成に努めた。この系譜の起源は、ウォルター・ホイットマンやジョン・デューイまで遡ることができ、二〇世紀のアメリカでは多くの社会改良家、民主党政治家たちが含まれる。

しかし六〇年代半ば以降、「新左翼」の擡頭とベトナム反戦、大学紛争のなかで、これら改良主義者は偽善だらけの古ぼけたものと見えるようになっていった。もちろん、彼らは七〇年代以降も生き残るが、それは労働問題専門弁護士、労働組合の組織者、議会職員、下級官僚、ジャーナリスト、ソーシャルワーカーといった姿においてだった。彼らは広義の公共的部門に職場を求め、「変えられなければならない文化よりも制定されなければならない法律」に関心を向けた。そんな先行世代と、六〇年代の文化闘争のなかで擡頭し、やがて大学で大きな影響力を持つに至る文化〈左翼〉の間には大きな乖離があった。実際、フランスポスト構造主義の影響を受けた新しい文化〈左翼〉の担い手たちは、「金銭よりも侮辱について考察し、皮相であからさまな貪欲よりも深く隠された性心理の動機づけに」興味を持った。その結果、かつて改良主義的〈左翼〉が貧困と失業によって貶められた人々を援助したのに対し、文化〈左翼〉の連帯意識は、「経済的事情とは異なる理由で辱められた人々を援助」することに向かった。

フェミニズムの「第一波」と「第二波」の違いが示すように、新しい文化〈左翼〉が問うたのは、私たちの社会が自明の前提としてきたジェンダーや人種、帝国と植民地、移民、障害者、あらゆる差異と差別の境界線が、実は社会的、政治的に構築されたものであった点である。彼らはこの境界線の社会的構築性を明らかにしつつ、「他者」と和解し、自らの立場性を問い返す実践を重ねた。そして彼らは、七〇年代以降のアメリカ社会で「多大な成功を収めてきた」のである。それは、単に大学で革新的なカリキュラムが確立し、パラダイム転換的な知の潮流が世界に広まったというだけではない。社会に性的、人種的、身体的差別に対する批判意識が浸透してもいったのだ。過去数十年間のそうした実践がなければ、第4章で論じる「#MeToo」ムーブメントのような流れがあれほど大きな影響を及ぼすには至らなかっただろう。

しかし、一九七〇年代以降の批判的な知が、その軸足を「経済」から「文化」へ移動させたことは、その後の社会経済の変化のなかで重大な盲点を生んでいく。実際、過去数十年のアメリカで、性的、人種的、身体的差別への敏感さが増した一方、経済的不平等や不安も同じく着実に増加していった。そして、かつて〈左翼〉の基盤だった労働者階級がグローバル化のなかで没落し、その一部に文化〈左翼〉をおぞましい敵とみなす〈右翼〉的ポピュリズムの潮流が形成されていった。つまり、「〈左翼〉が（経済的格差の問題に）背を向けている間に、第二次世界大戦中に始まってベトナム戦争の間も継続していたアメリカの白人プロレタリアートの中産階級化は停止してしまい、その進行は逆方向へ向いてしまった。アメリカは今や中産階級のアメリカ人をプロレタリアート化している。それでこのようなプロレタリアート化が進行していくと、アメリカではブキャナンが煽動しようとしているような下からの人民主義的暴動が起こりそう」だとローティは述べ、ポピュリズムが大統領選を左右する可能性を予見したのである(『アメリカ 未完のプロジェクト』晃洋書房、二〇〇〇年)。

ローティによれば、長期的に見て、アメリカの経済不安は大きくなり続けるのであり、そこでは経済的グローバリズムを奉じるごく少数の上流階級と文化的コスモポリタニズムを奉じる少数の知識層、それらに取り残された大多数の人々の「カースト化」が生じる。そのなかで上層の人々は、その子たちへの文化資本の投下を通じて階級的位置を維持し続ける。他方、未熟練労働者は、政府が賃金の下落を食い止める気も、雇用の海外流出を食い止める気もないことを遅かれ早かれ気づく。彼らはまた、郊外に住むホワイトカラーが、他の人々の社会保障手当てを支給するために自分に課税されたくないと思っていることにもいずれ気づく。

「その時点で何かが壊れる」と、ローティは書いた。置き去りにされた人々は、自分が選出されたら狭量な官僚や狡猾な弁護士、頭でっかちの大学教授を追い散らしてくれると彼らに

「進んで確信させようとする者を捜し始めるだろう」。そのような人物が政権を取るなら、「何が起こるか誰も予想できない」ことになる。そこで起こりそうなのは、「この四〇年間に黒人アメリカ人、褐色アメリカ人、同性愛者が得た利益など帳消しになる」ことだ(同右)。

こうした結末は、七〇年代以降の知識人が差異の政治や文化の多声性、権力の遍在、そして文化テクストをめぐる理論ばかりに傾注し、現実の経済の問題に正面から取り組むことを忌避してきた結果である。文化〈左翼〉は「市場経済に代わるものがどういうものであるのか、あまり考えていない。また政治的自由と中央集権化した経済的意思決定を結合する方法についても、あまり考えていない。……(なぜなら、彼らの)第一の敵は、一連の経済的協定よりも、むしろ考え方」であり、それは「工業化した西欧の家父長的資本主義制度によって育まれてきた考え方であり、その悪しき結果はアメリカ合衆国でもっとも顕著なのである」(同右)。そして彼らがこの支配的な知の体制を批判している間に、先進諸国の経済は空洞化し、プロレタリアート化した中産階級が一挙にポピュリスト的な排外主義を選択していくのだ。

ローティがしたのは、アメリカの大学に足場を置く文化批判的な知が、政治性とか権力とか言いながら、本当の大文字の政治も経済も正面から扱ってこなかったし、社会改良的な実践に愚直に参与することもなかったという批判である。大学の知識人が高度に抽象的な理論や社会全体の革命的変化を語っている間に、当の社会は内側から劣化し続け、過去半世紀の諸々の改善の歴史的成果を台無しにする動きが始まっていたのである。文化〈左翼〉の知性への自閉は、この歴史の反転に大いに責任があるというのがローティの見立てだった。

メキシコからアメリカを眺める

過去三〇年にわたりカルチュラル・スタディーズを標榜してきた者の一人として、私はこのローティの批判を真摯に受け止めなければならない。だがそれは、単純に「文化」から「経済」に軸足を戻す仕方によってではないはずだし、(ローティが示唆する)「理論について議論するのを一時停止」することによってでもないはずだ。欧米も日本も、戦後を通じて進行してきた「豊かさ」への漸進が、ポスト冷戦期には内側からの劣化に反転する危機を経験してきた。この反転をもたらしたのは経済システムの力であり、背後にはグローバリゼーションの作用がある。しかし、そのことと「文化」に拘《こだわ》り続けることは通底するはずである。ローティに従って理論を「一時停止」しなくても、理論自体を未来への回路としていく道があるはずだ。

それはいかにして可能なのか。——「遠くから」「長い時間のなかで」状況に立ち向かうことによってだと私は考えている。広角レンズと望遠レンズが必要なのである。安倍政権について考えるには、永田町や霞が関だけから見るのでは駄目で、沖縄からも、韓国や中国からも、アメリカやヨーロッパからも、また過去数年のスパンではなく、過去四半世紀以上の時間の幅で理解していく必要がある。「トランプのアメリカ」も同じである。ニクソンとレーガンの間で歴史の転換は生じていたのだ。ルーズベルトからケネディ＝ライシャワーに至る民主党的なアメリカの終わりである。そしてレーガン以降のアメリカは、その時々の「敵」を捏造し、世界を振り回す覇権国家となっていった。何度か民主党の大統領が軌道修正を試みたが、大きく見れば八〇年代以降のアメリカを方向づけたのは共和党の大統領たちである。アメリカが世界のリーダーではなくリスクとなったのは、決してトランプが最初ではない。

そしてこのアメリカを遠くから眺めるには、ワシントンからだけではまるで駄目だし、ラストベルトはもちろん、遠くは朝鮮半島と中国、ロシア、中東までとの関係のなかで、「トランプのアメリカ」の姿を浮かび上がらせなくてはならない。しかし、そうしたなかでもおそらくメキシコほど、今日のアメリカを見返すのに最適の場所はないはずだ。トランプは選挙中から、「メキシコとの間に壁を築く」と主張し続けていた。メキシコを「他者」として排除する宣言である。彼は、そのような主張がメキシコの人々にどう受けとめられるかを考えない。しかしそもそも、過去にも未来にもヘゲモニーは一方的なものではあり得ない。ヘゲモニーは、その中心にいる国と関係諸国の相互的な関係のなかでこそ維持される。非常識なほどエゴイズムに開き直るこの大統領は、自分に投票してくれる有権者のことばかりを考えるので、そもそも国際関係のなかでアメリカ国家の未来を見据える気があるのかどうかも疑問である。

そして事実、隣国の大統領から喧嘩を売られたメキシコ国民は、二〇一八年七月一日の大統領選挙で新興左派政党「国家再生運動」のアンドレス・ロペスオブラドールを選んでいった。一九二九年から二〇〇〇年まで、長期政権を維持した「制度的革命党(PRI)」が、「革命」という言葉を掲げながら、「左派」でも「社会民主主義」でもなくなっていたことは、終章で論じる通りである。二〇〇〇年以降は、親米中道右派の「国民行動党(PAN)」が政権を取り、二〇一二年にはPRIが返り咲くが、基本の親米路線に変化はなかった。だからメキシコで左派政権が誕生したのは、初期PRIを率いたラサロ・カルデナス以来かもしれない。これほど一気にメキシコ国民を左旋回させた要因は、トランプの強硬発言の数々だった。実際、トランプ以前の二〇一五年には、メキシコ人の六六%がアメリカに好感を抱いていたが、トランプ政権成立後の一七年に三〇%に激減し、アメリカに反感を抱くメキシコ人は二九%から六五%に激増した(「朝日新聞」二〇一八年七月三日)。明白なトランプ効果である。

当面、両国間に生じる最大の案件は、NAFTA(北米自由貿易協定)の扱いとなる。一九九四年一月のＮＡＦＴＡ発効以来、メキシコはアメリカの製造業の移転先となると同時に、アメリカ産の農産物がメキシコになだれ込み、多くの小農民が困窮化して土地を手放し、アメリカから進出した工場の労働者になったり、アメリカへの移民となったりしていった。したがって、トランプがアメリカ国内の工場労働者を守る立場からＮＡＦＴＡに批判的なのと同じように、ロペスオブラドールもメキシコの農民を守る立場からＮＡＦＴＡに批判的である。

こうした現状は、メキシコ人富裕層がＮＡＦＴＡ加入を「第一世界」への参加として歓迎していた一九九三年頃と比べ、この四半世紀で歴史が大きく一回転したことを示している。そして、まさにこの四半世紀前、一九九三年から翌九四年にかけて、私はメキシコシティの大学院大学エル・コレヒオ・デ・メヒコで教えるために約八か月間、同市に住んでいた。本書の終章は、そのメキシコ生活の直後に書かれたものだ(一部、新書再録のために割愛している)。ちなみに、もう四半世紀前の文章中、「赤ん坊」として登場した長男は、今はもう身長が私よりも高く、大学院を出て働き始めようとしている年齢だ。時間の経過に啞然とする他ない。それはともかく、この終章で私が示唆するように、メキシコに生活することは、隣国アメリカを、やや斜め下から眺め上げるような経験を伴う。ここでの「眺め上げる」という言葉には、何ら尊敬や畏敬の意は含まれない。「アメリカ」には、地上に現れて聳え立つ風景の下で蠢《うごめ》く水面下の現実があり、そこから見上げるなら、現代世界とアメリカの関係は、たとえばボストンのようなアメリカ内部からの眺めとはすっかり異なる様相のものとして見えてくるのである。

以上、本書は三つの異なる地平から、現代アメリカと世界の関係を捉え返そうとした試みとなる。第一に、私はハーバード大学での教育を通じ、日米の高等教育の構造的な差を経験した。そもそも大学には超国家的な次元があるのだが、そこに向けての精密な設計を、アメリカの上位層の大学はすでに確立している。だがそれは、日本の大学で決定的に欠落しているものなのだ。第二に、私はすでに述べた四つの視座を中心に、「トランプのアメリカ」で何が起きているのかを検討する。「ポスト真実」「ラストベルト」「人種差別」「セクハラ」「銃乱射」といった個々でも問題のある出来事が次から次へと起こり、多くの人々の日常感覚が集団的に狂っていく。私はそんなアメリカで生活していた一人として、尋常とはいえない状況全体を見渡したいと思う。最後に第6章では米朝関係を、終章ではNAFTA加入時のメキシコを扱う。いわば外の鏡に映ったアメリカである。こうしてあとがきも含めれば北朝鮮、メキシコ、キューバという三つの「他者」からの視点を挿入することで、本書はアメリカに焦点化される「自己」と「他者」の関係が、ポスト冷戦期にどう変化しつつあるのかを浮上させようとしている。

第1章
ポスト真実の地政学

ロシア疑惑と虚構のメディア

ドナルド・トランプ大統領の就任式を前に，ニューヨークにあるトランプ・タワーの周辺は厳重な警備体制が敷かれた（2017年1月19日，アメリカ・ニューヨーク州，新華社／アフロ）

❖浮上するロシア疑惑

二〇一七年の秋、アメリカ東海岸は異常なほど暖かい日が続き、本当は鮮やかな紅色や黄色になるはずの木々の葉もどんよりとした色彩の変化を見せただけだった。これも地球温暖化の影響と、年々巨大化するハリケーンと結びつけて語る人もいる。名高い東海岸の紅葉を十分に堪能できなかったのは残念だが、一挙に零下何度という寒さになるよりは、たとえ紅葉の色づきは鈍くてもこのほうがマシと思ったりもする。ハーバードで教え始めてすでに二か月が過ぎたが、キャンパスの外に目を転じれば、今、アメリカ社会は混乱そのものである。ヴァージニア州での白人至上主義者と反対派の衝突、プエルトリコのハリケーン災害と復旧の遅れ、ラスベガスのコンサート会場を狙った大量射殺、カリフォルニアの山火事、それに逼迫する北朝鮮危機を含め、多くでトランプ政権の対応の拙《つたな》さが目立つ。加えて大統領自身の言動が日々物議を醸すので、人々はすっかり嫌気がさしている。

こうしたなかでも深刻化しているのが、ロシア疑惑である。すでにトランプ陣営の元選挙対策本部長だったポール・マナフォートらが、ウクライナの親ロシア派のマネーロンダリングに関与して数千万ドルの報酬を受けたとして訴追されている。最近、今度は政権中枢のウィルバー・ロス商務長官が、タックスヘイブンにある複数法人を介してプーチン大統領に近いロシアのガス会社と取引し、巨利を得ていたことがわかった。そして二月に大統領補佐官を辞任したマイケル・フリンには、さらに怪しげなロシアやトルコとの関係が取り沙汰されてきた。彼は、安全保障問題担当の大統領補佐官になることがわかっていたのに、ロシア当局者と対ロ制裁について内々に協議していたことが判明し、辞任となった。トランプ大統領はＦＢＩに対し、「この一件を忘れてくれるよう頼みたい。フリンはいい奴だ」と圧力をかけていたという。

問われているのは、トランプ政権とロシア政財界の癒着だけではない。いっそう深刻なのは、ロシアの諜報工作と二〇一六年の大統領選の関係である。逮捕された同陣営元外交顧問の証言によれば、選対本部長のマナフォートは、同年六月、「クリントン候補に不利な情報がある」と持ちかけたロシア人弁護士やロシアの元工作員らと、トランプ候補の息子や娘婿とともに会っていた。この接触を通じ、彼らはロシアから秘密情報を得ていたと疑われている。

実際、米大統領選で、ロシアがアメリカの二一州のシステムをサイバー攻撃の対象にしていたことはすでに明らかになっている。これは選挙のシステムへの攻撃だが、それ以外にもアメリカ政府や民主党に対するハッキングやサイバー攻撃がなされていたようだ。それらの一部は成功し、一部は失敗したであろうが、こうした攻撃のなかでクリントン候補に関する「不利な情報」も集められ、トランプ陣営との交渉の材料となっていたのかもしれない。そういえば二〇一六年のテレビ討論で、トランプ候補はクリントン候補の電子メールに関する秘密を握っていることを執拗に仄めかしていた。こうした言動と、ロシアがハッキングで秘密情報を得ていたことは奇しくも対応する。果たしてこれは偶然なのか——。少なくとも「ワシントン・ポスト」紙によれば、大統領自身も罪を犯した可能性が高いと考える人が約半数に上る。

総じてロシア疑惑が浮上させているのは、二〇一六年の米大統領選でのトランプ大統領誕生は、プーチン大統領指揮下のロシアの諜報戦略により周到に支援されていたというストーリーである。このストーリーは、それだけでもう十分にスキャンダラスだが、さらにこれが一時的な逸脱という以上に大きな変化の一部とみなせるのは、このロシアの諜報上の成功が、今日のインターネットの仕組みに深く支えられていたからである。大統領選中、ロシアはトランプ陣営の何人かにアプローチする一方、内部情報をハッキング等のサイバー攻撃により入手、さらに様々な仕方でアメリカのソーシャルメディアに偽ニュースを流していたとされる。

米フェイスブック社が検証したところでは、ロシア政府系企業が同サイトに投稿した情報は過去二年間で一億二六〇〇万人の米国内ユーザーに届いたという。二〇一六年の大統領選の前後だけでも、ロシア系の疑わしいアカウントからの約八万件の投稿に加えて約三〇〇〇件の広告が出され、それらは約四七〇のロシア政府との繋がりが疑われるサイトに利用者を誘導していた。それらの多くはアメリカ社会の分断と対立を煽り、結果的にトランプ候補に有利に働くもので、少なくとも一〇〇〇万人がアクセスしたとされている。もちろん、疑念が生じているのはフェイスブックだけではない。同社傘下のインスタグラムでは、約二〇〇〇万人がロシアの関与が疑われる写真投稿を閲覧したと考えられている。さらにグーグルでも、YouTube に疑わしいアカウントから一〇〇〇本以上の動画が投稿されていたことが確認された。

これらのメディアでロシアの関与が疑われている広告や投稿は、大統領選で流れていく膨大な量の情報総体からすれば、全体規模では大きなものではない。しかし、ソーシャルメディアは民族や嗜好、居住地など利用者の特性に応じて情報を仕分けて届けることができるから、一連の情報は激戦州の有権者に集中的に発信されていた可能性がある。『ニューズウィーク』誌(二〇一七年九月二九日)の記事によれば、「大統領選挙前の一〇日間、激戦州のツイッターユーザーは、通常のニュースを上回る量のフェイクニュースを受け取っていた」。オックスフォード大学が政治や選挙に関連するハッシュタグが付いた二二〇〇万件以上の投稿を分析した結果で、「全部で二七州の有権者(うち一一州が激戦州)が、全米平均をはるかに上回る「ロシアやウイキリークス、でたらめニュースサイト」などのツイートの集中攻撃を浴びていた」というのである。これらの州では、「過激思想や嘘、候補者や政策を嫌悪するように仕向ける意図が明らかなでたらめニュースが、ニュースメディアによる報道を圧倒していた」と。とりわけこうした偽ニュースは、激戦の結果、僅かな差でトランプが勝利したペンシルヴァニアやミシガンなどの州に集中し、結果がもともと明らかだった州では、人口当たりの偽ニュースの量は、激戦州よりもずっと少なかった。たとえば、激戦のミシガン州の場合、選挙戦終盤で州内のツイッター利用者が共有した情報の二六％が偽ニュースで、この割合は通常のニュースとほぼ同じだった。同州のツイッター利用者は、いわば虚構の世界のなかで政権の選択をしたのだ。

❖ソーシャルメディアが開いた二つの落とし穴

これは、陰謀説が跋扈《ばっこ》する冷戦時代が再来しつつあることを意味するのだろうか――そうではない、と私は思う。たしかに二〇一六年の米大統領選に対するロシアの諜報機関の関与は疑いようがないとしても、このロシアの関与が米大統領選の勝敗を決めた決定的な要因だったという証拠はまだない。それどころか、ロシアの陰謀的ともいえる動きが、同年の米大統領選に向けて全世界に広がっていった偽ニュースの中心だったかも、確かではないのである。

知られているように、偽ニュースの主要な発信源の一つは、マケドニア中部の小都市ヴェレスの貧しい若者たちだった。ユーゴスラヴィア時代には工業都市として活気があったこの小都市は、ユーゴ崩壊とグローバル化のなかで廃れ、街角には失業者が溢れていた。すでに二〇一六年以前から、産業衰退のなかで活路を求めた人々の一部がネット産業に目をつけ、怪しげなサイトの運営で広告収入を稼ぐ術を身に着けていたようである。そして二〇一六年、この街では失業中の多くの若者が偽ニュース製造による金儲けに飛びつき、わずか人口五万五〇〇〇の街から一〇〇以上ものトランプ支持サイトが発信されていった。ジャーナリストのサマンス・スブラマニアンは、ヴェレスで偽ニュースを製造していた若者たちへの興味深いインタビューを重ねている。スブラマニアンによれば、若者たちは「トランプが当選するか落選するかなどにまったく関心がない。ただ最新のクルマや時計や携帯電話を買い、バーでもう二、三杯おかわりできるだけのポケットマネーが手に入ればそれでいい」（『ＷＩＲＥＤ』日本版、二八号）。こうして手当たり次第の盗用で大量の偽ニュースが製造され、そんなサイトでも閲覧者が増えれば自動的に大きな広告収入が得られるから、参入者は雪だるま式に増加した。職にあぶれ、ある程度はＩＴ操作能力のある若者たちにとって、こんなに楽な金儲けはなかった。

ロシアの諜報活動とマケドニアの若者たちの怪しげな金儲けの間に、何らかの関係があったかどうかはわからない。少なくとも論理的には、仮にロシアの諜報活動とは何ら関係がなくても、ヴェレスで失業中の若者たちが偽ニュース製造に手を染めていく蓋然性はあった。かつての工業都市が衰退してしまった先で、そうした周縁地域のポスト工業化は、問題含みの灰色の情報産業を含んで進行する。「この町ではまともに働いていてもカネなんか稼げっこない。つまり、この仕事はまともじゃないってことさ」との住民の発言にあるように、彼らは自分たちのしていることが、貧困地域に広がる麻薬取引のような「まともじゃない」仕事なのを知っていた。それでも産業が去り、雇用が生まれず、未来が閉ざされるなかで、世界がどうなろうとまずは自分のために金を稼ぐのである。だから彼らの心理は、産業が失われて絶望のなかでトランプに投票したアメリカ国内の人々と似ていなくもない。「トランプ大統領」という、それ自体がフェイクのような現実を生んでいったのは、積極的に何かを信じる力というよりも、置き去りにされた人々の、自分を超えた世界の未来に関わることを拒否するマイナスの力なのだ。

とはいえ、彼らのように世界経済の周縁に住まい、英語力も乏しい者たちが、気軽に偽ニュースを製造し、世界の中心部に行き渡らせることができたのは、ネット上にすでに偽ニュースの種が多数存在したからでもある。再びスブラマニアンによれば、彼が聞き取りをした若者は、「英語はお世辞にも流暢《りゅうちょう》とはいえず、トランプやクリントンについて、何週間にもわたり五〜

一〇本の記事を毎日書けるとはとても思えない。だが幸いなことに、今回の大統領選挙では数多くのオルタナ右翼系ウェブサイトが、マスコミのニュース記事に似せたフェイクニュースを熱心に発信していた。トランプ自身がツイッターで発信する単純なデマから、「ブライトバート・ニュース」や「NationalReport.net」の組織的捏造記事まで、右翼系メディア全体を通じてイデオロギーが真実を圧倒していた」(『WIRED』同右)。だから彼らは、ただそうした記事を切り貼りし、偽ニュースのより過激なバージョンを増殖させていけばよかった。

ロシアの諜報のような政治的企図をもった発信と、マケドニアの若者たちのような金目当ての発信は、二〇一六年の米大統領選で偽ニュースを氾濫させていった二つの典型である。誰もが発信者になれるインターネットは、その匿名性によりマケドニアの若者からロシアの諜報機関までが「普通の誰か」として参入する余地を残す。しかも、アクセスの相互性を利用して情報の受け手は自動的に分類され、当人が受け入れやすい情報だけが伝えられるから、偽ニュースはなかなか見破られない。こうしたネット空間の特徴は、立場が激しく対立した二〇一六年の米大統領選において、ロシアの諜報機関が覆面で干渉をしていくのに格好の環境だった。しかしこの場合、まず存在したのは、誰もが自分を偽って真偽の怪しいメッセージを発信できるネット環境のほうなのであって、ロシアの諜報機関はこの環境を利用しただけなのである。

❖ドナルド・トランプとは誰か

そしてこの偽物だらけの舞台の上で踊り続けるのが、ドナルド・トランプという人物である。大統領候補になる以前から、彼はイスラム教徒のアメリカへの入国禁止を提案し、撤回はしたもののテロ容疑者に対する拷問やテロリスト家族の殺害まで主張したことがあった。彼は、「メキシコは、麻薬密売人やレイプ犯をアメリカに送り込む」と発言し、移民、女性、退役軍人など弱い立場の者を誹謗し、外交政策の助言はテレビの討論番組から得ると答えていた。それどころか彼は、オバマ大統領(当時)の「市民権は本物かどうか疑惑がある」とテレビで発言し、司会者が「ハワイ生まれで問題ない」と否定すると、「あなたは取り込まれている」と噛みついた前歴もある。おそらく彼は、「ハワイはアメリカではない」との観念を持っていたのかもしれない。このような言動を繰り返してきた人物だから、アメリカの主要メディアは彼を詐欺師と評し、海外の評者は「道化師で煽動者で人種差別主義者」とみなしてきた。

普通なら大統領はもちろん、大統領候補にすらなるはずがないこの人物を押し上げたのは、メディアが刹那的に増殖させる不安だった。トランプは投機性の強い不動産業で成功しただけでなく、人気テレビ番組の司会者をつとめ、出演者に「お前はクビだ」の決めゼリフを投げつけてきた。短い言葉と大げさな身ぶりで問題を単純化し、対立を演出する。彼は暴言を繰り返しながら、その効果も計算していた。視聴者からすれば、「暴言」はルールに縛られずに本音を語る人物との印象を生む。「難しいことはわからないが、実は俺もそう思っていた」という酒場の政治談議と同じである。当然、「暴言」は物議を醸し、批判が続出する。しかし彼は悪びれずに批判し返す。決して反省はしないのだ。メディアが面白がって論争を連日追いかけるから、彼への注目度は上がる。計算された狡猾な戦略であった。

やがて、この人物への支持を拡大させる強力な補助装置として、地方ラジオ局とインターネットが加わった。アメリカ社会に根を張る地方ラジオ局には既成勢力への不満が渦巻いていた。既成の権威に歯向かうトランプの態度は、地方局の保守系リスナーの鬱積した感情を刺激した。そしてインターネットでは、ユーザーの傾向に応じた情報回路の分断により、ひどい暴言でもトランプのつぶやきは瞬く間に全米に広がり、支持者を増殖させる回路が形成されていた。

だからトランプとヒラリー・クリントンが対決したはずの計三回のテレビ討論は、すでに増殖を繰り返していたネット上の自己言及的な情報の流れからすれば、それ自体が格好の論評材料だったのではないか。あの時、トランプはクリントンが理路整然とアメリカの未来を語るのに対し、ヒステリックな金切り声で彼女に嚙みつき、毒づき、脅かし続けた。トランプが繰り返したのは、アメリカは中国やメキシコに仕事を盗まれている、不法移民を排除し壁を築かなければ危ない、クリントン夫妻とオバマはアメリカに「大災害」をもたらした張本人だ、自分は空前の大減税を行うから豊かになるといった紋切型の主張で、新しさはほとんどなかった。

彼は、テレビ討論で一貫して司会者の質問には答えず、都合が悪いことは露骨に話を逸らした。そして彼は、クリントンのメール問題は実は重大事件で、自分はあなたの秘密を握っている。だから自分が政権を得たらきっと「あなたは刑務所行き」だと脅しをかけた。過去の自分の誤りを認めず、相手の弱点は徹底的に攻撃する彼の言葉は、政治的な発言というよりも呪文に近く、彼が約束したのは一種の「悪魔祓い」だった。第一の悪魔はアメリカから仕事を奪う外国勢力。第二の悪魔は長くそれらの勢力を防いでこなかったワシントンの指導者たち。さらに米国内の黒人やイスラム教徒に潜む「悪い人々」が第三の悪魔。これらはアメリカに「大災害」をもたらすが、「大減税」という魔術が悪魔を追い払うというわけだった。

テレビ討論では、彼が依然、性差別的で人種差別的な考えを持ち続けていることも確認された。彼は、元ミス・ユニバースが受賞後に太ると「ミス子豚」と呼び、中南米出身という理由で「ミス家政婦」と呼んだ。その発言を批判されると、彼女の「セックス動画」が存在するかのようなツイートを始め、司会者から「自制心の欠如」を批判されると、「セックス動画を探せとは言っていない」と言い返した。彼が批判された「わいせつ会話」も氷山の一角で、討論中に彼はクリントン候補に「嫌な(ナスティ)女」という言葉を浴びせたが、「ナスティ」には「汚らわしい」との人格否定的な含意がある。

『トランプ自伝』のゴーストライターをしていた人物は、一年半もの間、彼と行動を共にするなかから見えてきたトランプの実像を『ニューヨーカー』誌で生々しく告白した。それによれば、トランプの最大の特徴は、「集中力というものがない」ことだ。彼は、「教室でじっとしていられない幼稚園児」のような存在で、自己顕示欲がすべてである。なぜならば彼は、まだ一冊も本を読み通したことがない。集中力が続かないのだ。だから情報源は全部テレビ。何よりもトランプは「口を開けば嘘をつく」。彼の「嘘は口から出まかせではなく計算ずく。人をだますことに何の良心の呵責《かしゃく》も感じていない」。そもそも彼は「事実かどうかということをまったく気にしない」のである。集中力がなく、虚栄心でいっぱいで、平気で嘘をつき続ける人物が、選挙で国民に正式に選ばれて、超大国アメリカの頂点に座った。

しかし大統領になってからも、この人物の暴言癖、虚言癖は鎮静化しなかった。誇張と恫喝、誤認と虚勢、何でもありのふるまいを大統領が続けるので、私たちの世界も何でもありになってしまったかのようだ。全米二〇社の新聞が作った「ポリティファクト」の検証では、大統領の発言で真実と言えるものはたった四％、多めに見積もっても一六％にすぎず、約七〇％は事実に反する「嘘」である。この大統領は性懲りもなく口から出まかせを言い続けるので、発言の大部分が嘘となる。日本に対しても、大統領選中に日米安保が片務的で、「アメリカが攻撃を受けても、日本は何もする必要がない」と批判していた。事実無根だが悪びれない。

こうした嘘を嘘とも思わない態度は政権に共有され、大統領報道官は就任式の聴衆が「史上最大」だったと事実に反する発表をした。メディアにこの点を衝かれると、政権幹部は発表は嘘ではなく「オルタナティブな真実なのだ」と主張した。トランプはかつて、「大事なのはハッタリ。私はそれを真実の誇張と呼ぶ。ハッタリは効果的な宣伝だ」と語っていた。語る内容が事実かどうかを気にしない、相手に影響を与えればいいという発想である。だからこの大統領は、気に入らないメディアと平気で敵対した。記者会見では自分の意に沿わない報道をした記者を露骨に攻撃し、記者が質問しようとすると、「あなたには質問はさせない。あなた方は偽ニュースだ」と返答を拒否し、政権寄りのメディアだけに質問を許していった。

❖反転したインターネットの未来

オバマからトランプへ――。政治の振り子は正反対に振れたが、それが振れている地平は同一である。ネット社会がもたらすリアリティの政治とは何なのか。オバマとトランプは、ケネディやニクソンが生きたテレビ時代とは異なるリアリティの地平に登場し、アメリカを正反対の方向に導いてきた。この揺らぎのなかでアメリカは分裂しているが、この分裂の地平そのものが、テレビ全盛の時代とは異なる困難さを抱えている。インターネットの大衆化と日常化は、それまで新聞をはじめとするジャーナリズムが前提としてきた「事実」に対する見方を突き崩してしまった。匿名的で誰もが発信者になれるネット空間で増殖していくのは、「巷の噂」というレベルの「ニュース」である。事の真偽は確認されず、それぞれのユーザーが、自分の興味や価値観、感情に適合する情報を「ニュース」として受けとめ、増殖させる。その結果、本当に事実かどうかはあいまいな情報が、あたかも「ニュース」として氾濫し、次第に人々はそうした情報が本当か嘘かはそれほど重要なことに思えなくなってくる。インターネットの融通無碍な自由さは、このメディア的なリアリティの極度な不安定性と表裏をなしている。

これまでソーシャルメディアは、マスコミのニュースはそのメディア企業「固有の視点から編集されているので偏向しているが、インターネットは編集なしでそれぞれの個人の声がそのまま表出されているのでより真実に近い」と主張し、マスコミ報道に不満を抱く発信者やフォロワーを集めてきた。しかし、ソーシャルメディアのニュースが編集なしだと言うのは正しくない。新聞のニュースがデスクなどの立場にいるジャーナリストの視点で編集されるのに対し、ネットのニュースは発信者の選択や編集に加え、見えないアルゴリズムによって構造化され、それぞれのユーザーの関心や嗜好にあわせて出現するように編成されているのだ。

イーライ・パリサーは、インターネットの検索サイトのアルゴリズムが、ユーザーの過去のクリック歴や検索歴に基づいて情報を構造化しており、ユーザーが見たいであろう情報を推定し、それが優先的に出てくる仕組みを実現していることを指摘し、これを「フィルターバブル(Filter Bubble)」と呼んだ。私たちはこの種のアルゴリズムを、たとえばアマゾンがメールで本を推薦してくる際に頻繁に経験している。フィルターバブルのアルゴリズムが支配する環境では、ユーザーは自分の関心に合うニュースや記事とだけ接すればよく、気に入らない記事や関心のないニュースからはますます隔離される。膨大な情報が溢れるネットの世界で、個人はそれぞれの狭い関心や立場の被膜＝バブルのなかに孤立していくのだ(『フィルターバブル』ハヤカワ文庫、二〇一六年)。フィルターバブルは、異なる立場の対話の可能性を開くという初期のインターネットの時空を反転させる。今やインターネットは対話のメディアではなく、諸個人が自分の世界に閉じこもり、意見の異なる他者を排除するための装置となったのである。

当然、ここにおいて最も敵視されるのはマスメディアである。「マスメディアへの疑いの目は、ソーシャルメディアのアルゴリズムにより強化されていく。マスコミ批判のニュースを読むと、ユーザーには次々と、マスメディアの課題や信頼性を指摘するニュースが表示され、同じ考えの友人がいいね！　を押すようになり、さらにマスメディアに対する疑いが深まるような仕組みになっている。何を信じればよいのか、混沌とした状況が生み出された」と、『ネットメディア覇権戦争』（光文社新書、二〇一七年）で藤代裕之は書いている。

その一方、マスメディアの方でも新しいメディア状況への対応が追いつかなくなっていった。記者たちが特定のテーマに継続的に集中し続けることは困難になり、毎日、脈絡なく変化するトピックについての記事を即席で仕上げることを迫られていった。彼らは記事を書くだけでなく、カメラ片手に写真を撮り、時にはインタビュー映像も撮影し、記事をウェブサイトにアップロードし、自らツイッターで発信したり、フェイスブックで読者とやり取りしたりすることも求められていった。圧倒的な多忙さと処理する情報の多様化、断片化のなかで、かつてのような持続的で綿密な報道、いわゆるジャーナリズムの理念の実現が難しくなる。マスメディアの情報生産は、ネット社会に呑み込まれていったのである。

そもそもテレビの場合、他の様々な視聴者が見ているなか、候補者の公的で視覚的な印象は重要だった。だから一連のテレビ討論で、ヒラリー・クリントンは教科書通りにテレビが与える彼女の公的印象を統制しているように見えた。ところがインターネットは、フィルターバブルによりユーザーと候補者の間にはるかに閉じた世界を形成する。テレビが画面のなかの候補者の印象を操作しようとしてきたのに対し、ネットはより直接的に、個人の感情や嗜好に訴えていく。ネットの情報はあまりにも大量に分散的に流れるので、もはや全体をコントロールすることは不可能である。そしてトランプ陣営が重視していたのは、万人が同じように視聴するテレビでの公的印象以上に、ネットで増殖する大量の分断された情報の流れだった。

政治的リアリティを成り立たせるメディア論的な位相のこの転換は、大統領選終盤、二〇一六年の夏から秋にかけて顕著に生じていた。クレイグ・シルバーマンによれば、この数か月間で、フェイスブック上で展開される「共有」や「反応」、「コメント」の重心が、大手マスコミから流れるニュースから偽ニュースに劇的に変化していたのを確認できる(Craig Silverman, "This Analysis Shows How Viral Fake Election News Stories Outperformed Real News On Facebook", *BuzzFeed News*, Nov. 16, 2016)。この時期にフェイスブックは、大統領選で大手マスコミが握ってきた議題設定機能を粉砕し、それをロシアの諜報機関からマケドニアの若者たちが製造したものまでを含む偽物たちの情報世界に受け渡していく最大の媒介者となったのだ。

結局、こうした世界では全体を統制するのではなく、粗製乱造でも情報量を爆発的に増やした者が有利となる。トランプはこのネット世界の特性をフルに利用して大統領の座を獲得し、世界をさらなる混乱に導いていった。彼は、今もツイッターで膨大なフォロワーに向けて「本音」を発し、それを拡散させて話題作りをし、やがてその話題がテレビに取り上げられることで自分の幻影を雪だるま式に膨らませる。インターネットの情報は無料であり、それはフェイスブックやLINEで二次、三次、四次の発話者に媒介されて無限に拡散し、その過程で情報の真偽はほとんど問題にならなくなる。このようなメディア環境では、自分自身を「ネタ」にできるトランプのような過剰に露出志向の人物が有名性を獲得していくのだ。ここで演じられる有名性は、テレビを舞台に演じられる有名性とは根本的に異なる成り立ちをしている。

❖偽ニュースは広く信じられていた

こうしたリアリティの地殻変動は、もちろん二〇一六年以前に生じ始めていた。一六年の米大統領選が証明したのは、条件さえ整えばごく普通の人々が氾濫する偽ニュースを信じ込み、それを前提に行動も起こしてしまうことだった。選挙結果が出てまもない一一月二八日から一二月一日まで、「バズフィード・ニュース」はIpsos Public Affairs社に依頼して偽ニュースの受容に関するオンライン調査を実施した。調査対象として抽出されたのは三〇一五人の有権者で、フェイスブックから抽出された真偽の混ざった一一項目のニュースから、三つの正しい見出しと三つの嘘の見出しがランダムに選ばれ、これらの受容が調査された(Silverman, "Most Americans Who See Fake News Believe It, New Survey Says", *BuzzFeed News*, Dec. 6, 2016)。

調査ではまず、これらの見出しに選挙期間中に接したことがあるかが尋ねられるが、偽ニュースでは約三三%が接した経験があると答え、偽ではないニュースでは約五七%だった。次に、ニュースの見出しに接した人々のなかで、どのくらいの割合の人々が見出しは本当だと信じたかを尋ねると、偽ではないニュースの場合は八〇〜九〇%、偽のニュースであっても七〇〜八〇%の人々が、見出しは事実と受けとめていた。偽ニュースの見出しに対する信頼度は、民主党支持者が平均七一%、共和党支持者では実に平均八四%に達していた。

クリントン支持者とトランプ支持者で偽ニュースを信じた人の割合を比較すると、圧倒的に後者のほうが信じ込んだ割合が高かった。「ローマ教皇がトランプ支持を表明」という偽ニュースは、クリントン支持者で信じた割合は四六%だったのに対し、トランプ支持者の七五%が事実と信じていた。「ヒラリーのメール流出問題を捜査していたFBI捜査員が自殺と見せかけて殺害された」という偽ニュースでは、クリントン支持者の五二%に対し、トランプ支持者の八五%が本当のことと信じていた。トランプ支持者の異様なまでの信じ込みやすさはさて置き、クリントン支持者ですら半数前後の人が偽ニュースを信じたのは驚きである。

しかも、選挙戦のなかでフェイスブックをはじめとするソーシャルメディアが、既存マスメディア以上に選挙民が情報を得ていく中心的回路として機能したことも明らかになった。調査対象全体の二三％が、フェイスブックが最も重要なニュースの入手元だったと答え、この率はCNNとFOXニュースに次ぐものだった。しかも、全体の四七％、半数近い人が毎日数回はフェイスブックのページを訪れると答えていた。そして一連の分析を通じ、フェイスブックが最も重要なニュースの入手元だったと答えた人々が、そうではない人々に比べて特異に高く、偽ニュースに影響を受けやすい状況に置かれていたことも示された。そうした人々は、平均でも八三％の確率で偽ニュースを本当のことと信じ込んでいたのである。

ハント・オルコットらは、一六年末から活発化した偽ニュースとソーシャルメディアをめぐる調査や研究の現状を概観し、四つの論点をまとめている。第一に、アメリカでは約六二％の成人が、ニュースをマスメディアからではなくソーシャルメディアから得ている。第二に、フェイスブックでは大統領選当時、マスコミで最も関心を集めるニュースよりも、偽ニュースの中心的な話題の方がより広く共有されていた。第三に、偽ニュースに接した多くの人が、当時はその話を信じたと語っている。第四に、最も人気のあった偽ニュースは、トランプに有利になる方向で選挙に影響を与えた。彼らによれば、これらの観察から、もしもフェイスブックを基盤に展開された偽ニュースの影響がなかったなら、トランプが大統領に選ばれたかどうかは疑問だとも考えられる（Hunt Allcott, and Matthew Gentzkow, "Social Media and Fake News in the 2016 Election", *Journal of Economic Perspectives*, Vol. 31, No. 2, 2017）。

オルコットらはこの議論を検証するために、前述の調査報道を発展させて選挙期間中にネット上に流れていた一五六の偽ニュースを収集し、また一二〇〇人の調査対象者の反応を調べている。彼らが論じるように、二〇〇〇年代初頭からマスメディアに対する信頼度が持続的に低下し、また社会の党派的対立が激化してきたのは、やがて偽ニュースが爆発的に浸透していくマクロの背景だった。そして、参入障壁が極端に低く、情報が短期間で爆発的に拡散し、さらに匿名性が高いインターネットの特性は、長期的に信頼を得ることなどそもそも目的とせず、短期で最大の利益を上げようとする多数の発信者を生む直接の背景となった。こうして急増した偽ニュースが、トランプ大統領の誕生にどれほどまでに決定的であったかを結論づけることは困難だが、これらの分析を通じ、いかなる変化を前提に、誰がどのような理由で偽ニュースを広め、それを誰が、どれだけ信じていったかはかなり明らかになってきた。

❖偽ニュースの氾濫が呼び寄せる新たな監視社会

一九九〇年代初頭と二〇一〇年代後半で、インターネットが示す未来の地平は劇的に反転した。かつてインターネットに期待された無限の可能性は、このメディアでは誰もが気軽に発信者となれることと結びついていた。参入障壁が低く、「普段の自分」を隠したまま自由に意見が言えるので、この空間での人々のふるまいは脱規範的となる。そうしたネット空間の匿名性と自由が、逆にこの空間への政治的介入の余地を生み、やがてこれを不可視の監視空間に転化させていくのである。実際、匿名性ゆえに数々の問題を生じさせたソーシャルメディアは、今では新しい秩序の創造者というよりも、秩序や倫理を混乱させる厄介者とみなされつつある。その結果、そんなメディアはきちんと監視し、管理すべきだという声が市民社会の側から高まり、世論への対応として政府が新しい法的規制に乗り出すこととなるのである。

二〇一六年の大統領選の結果に偽ニュースが影響を与えたこと、そこにロシアの諜報からマケドニアの若者たちまでの介入があったことは事実である。したがって、そうした動きを放置していたソーシャルメディアは責任を免れないだろう。すでにアメリカ議会では、ロシア疑惑と絡んで偽ニュースの温床となったネット企業への批判が高まり、第三者がネット上に載せる情報の内容について彼らに責任を負わせる法案の検討が始まっている。目下、具体的な動きで生じているのは、共和党のジョン・マケイン議員らが超党派で議会に提出したネット広告規制法案(The Honest Ads Act)で、政治的広告に関しては、テレビや新聞と同じようにソーシャルメディアにも誰がその広告のスポンサーなのかを開示する義務を課すものである。

今までそうした義務がなかったこと自体が驚きだが、ソーシャルメディアは、これまで自分たちが「メディアではない」、つまり様々な情報の送り手が利用する通信媒体にすぎないと主張してきたので、コンテンツに対するメディアとしての責任を免除されてきた。しかし、ソーシャルメディアは、その機能や影響からして間違いなく「メディア」であり、それだけが特例扱いをされる理由はない。議会の議論はいずれ通信品位法二三〇条も見直し、彼らにも利用者の投稿内容について一定の責任を負う義務を課す方向へ進んでいくだろう。

問題は、いずれ新聞やテレビからソーシャルメディアまでがコンテンツに対する責任の面で横並びになったとき、いかにして人々の表現の自由の領域を新しいメディア環境のなかで持続的に確保していくかという点である。すでにトランプ大統領は、「フェイクニュース」報道を逆手にとり、政権に批判的なメディアを片端から「お前はフェイクだ」と非難している。この大統領には、およそ論理というものが通用しないらしい。「あなた自身がフェイクそのもの」

と言いたくなるが、そんな言葉も彼には何の意味もない。むしろ政権は、メディアの情報に対する責任という論理を逆手に取り、ネット上の情報に対する監視を強化してくるかもしれない。アメリカの国益を守るには、ネット空間のより徹底した監視が必要との論理である。

ここで思い起こしておくべきは、たしかに二〇一六年の大統領選では、ソーシャルメディアでの偽ニュースの氾濫が致命的な問題だったが、今日のポスト真実状況をもたらしている責任は、決してソーシャルメディアだけにあるわけではないことだ。すでに触れたように、二〇一六年の大統領選で偽ニュースが大きな影響を与えた背景には、一方では既存ジャーナリズムに対する信頼の持続的な低下があり、他方ではＦＯＸニュースに代表される右派メディアの擡頭があった。すなわち一方で、既存のニュースメディアはインターネットによって環境が激変し、紙媒体の販売や広告収入が減少するなかで、これまで通りのコンテンツの質保証体制を維持できなくなってきた。既存メディアでも政治的立場ごとに分極化が進み、読者や視聴者はこれまで以上に自分が読みたい記事、望む話だけをメディアに期待するようになった。

だから偽ニュースの受容を通じて人々が築き上げたのは、彼ら自身が願望した世界である。ロシアによる諜報的な介入は、プロパガンダというよりも自己実現的なファンタジーの論理に従っていたのだ。コンピュータのアルゴリズムで仕分けられた人々は、それぞれが自分の「真実」の壁を補強する情報を求めていた。こうして対話は失われ、自画自賛する言葉しか持たぬ大統領が出現したのだ。それは陰謀によるよりも、はるかに自閉によるものであった。

事の重大さは、こうした自己閉塞的な政治的ファンタジーへの回路が、高度なアルゴリズムによって精密に設計可能になっていることにある。そこで製造される偽ニュースは、今回の大統領選でマケドニアの若者たちが製造したような乱暴なものより、はるかに手のこんだものとなろう。ソーシャルメディアは、アクセスした個人の履歴を法的規制の隙を突いて集め、個々の有権者に応じたテーラーメイドのニュースを製造していくことができる。トランプの選挙戦をイデオロギー的に先導したスティーヴン・バノンは、彼自身の右派メディアの運営だけでなく、データ分析会社「ケンブリッジ・アナリティカ(CA)」と結んで有権者のそれぞれに対応した「オルタナティブな事実」を提供し、その投票行動を左右することを目論んでいた。

そこで重要な役割を果たすことになったケンブリッジ・アナリティカは、データ分析と選挙コンサルティングを専門とする英国企業で、フェイスブック上の自己診断アプリを利用して最大で八七〇〇万人分の個人情報を取得、英国の国民投票でのEU離脱派や米大統領選でのトランプ陣営に有利な情報操作を行ったとされる。同社は他にも、イタリア、ケニア、ナイジェリア等の選挙にも関与しており、二〇一六年の米大統領選は同社の一連の関与の一部にすぎなかった。民主主義の要諦は公正な選挙だが、選挙民の選択は彼らが接する情報に基づいて行われる。テレビや新聞による情報提供は長くその根幹をなし、これらのメディアに対して国家の統制が行われる場合でも、メディアの公正性は理念としては保持されてきた。だが、世界の誰しもがスマートフォンを持つに至った今日、その携帯端末上で展開される情報世界をシステマティックに操作できるなら、勝敗が微妙な選挙区への集中的な情報操作の試みは、メディアの公正性云々の議論を素通りして、一国の未来を変えるほどの重大な結果を生む。

こうしたビジョンの先にあるのは、決してあからさまに抑圧的な全体主義でも、粗製乱造の偽ニュースで混乱に陥る社会でもなく、ＡＩ（人工知能）により狡猾に編集された「ニュースらしきもの」が各個人に向けて提供されることで社会が計算ずくで分断され続ける未来である。その際、そのビッグブラザーは突然、上から侵入して来るのではない。自己管理できなくなってしまった市民社会が、困り果ててビッグブラザーを自ら呼び寄せるのである。

現在のアメリカは、二〇世紀を通じて私たちが慣れ親しんできたアメリカとは別の何かに確実に変化しつつある。この変化は、遅くとも二〇〇一年九月一一日の同時多発テロで始まっていたし、早くは福祉国家体制から新自由主義へと舵を切ったレーガン政権から始まっていたかもしれない。トランプ政権を窮地に立たせるロシア疑惑は、今日のアメリカ社会が、かつての工業資本主義ともニューディール的な福祉国家とも異なり、むしろ寡頭制的な情報資本主義と化して中ロの権威主義的な体制と似てきていることの裏返しである。そしてこの変化には、新しい情報、経済、階級、人種、アイデンティティの体制構築が含まれている。それは多くの場合、暗澹たるディストピア的な未来の様相を帯びるが、しかしそれでも私たちの未来は、このアメリカの現実を見つめることによってしか開かれないのだ。

後日談 ——ロシア疑惑のゆくえ

「ロシア疑惑」の全貌は、徐々に明らかになりつつある。大統領選の最中、ロシアの諜報機関は民主党本部等のサーバーをハッキングし、ヒラリー・クリントン陣営の大量のメールをウィキリークス等のサイトで暴露した。トランプは、その情報をクリントン攻撃に使って選挙戦を大いに盛り上げた。やがて選挙結果に驚愕したオバマ大統領(当時)は、トランプ当選を狙った諜報活動にロシア政府が関与したと断定、制裁発動に踏み切ったが、時すでに遅かった。

しかもロシアの介入は、当初の想定よりはるかに大規模で深刻なものだったことが次第に明らかになっていった。捜査を統括してきたマラー特別検察官は、二〇一八年二月一六日、ロシア国籍の一三人と関連企業三社を米大統領選への組織的介入を理由に訴追した。それによれば、プーチン大統領に近いエフゲニー・プリゴジンら一三人は、サンクトペテルブルクの「インターネット・リサーチ・エージェンシー（IRA）」を拠点に、二〇一四年五月頃から投票日までの二年半にわたり、ネット上でアメリカ人名義のアカウントを使ってクリントンを中傷する情報を発信し続けた。彼らの下には数百人の活動員がおり、この情報操作に巨額の予算がつぎ込まれた。活動は組織的で、「嘘」の投稿を担当する「スペシャリスト」が、アメリカ時間で不自然と思われない時間帯に、アメリカ本土からの投稿を装って大量の情報発信をしていた。投稿内容は、来る大統領選に向けて「政治的緊張」を作り出すように工夫され、アカウントのなかには数十万人のフォロワーを擁するものも生まれていた（「朝日新聞」二〇一八年二月一八日）。

問題は、この大規模な「陰謀」の動きを、トランプ自身がどれだけ知っていたかである。少なくとも、トランプがプーチンの用意した舞台の上で笑劇《ファルス》を演じる道化のような存在であったことは間違いないだろう。そしてプーチンは、この道化を使ってある程度までアメリカを乗っ取ることに成功した。もちろんトランプはそれを否定しているが、同時に大統領選挙中から一貫してプーチンを称賛し、ロシア寄りの言動を繰り返してきた。ひときわ口の悪いトランプには珍しいことで、その傾向は七月一六日に開かれた米ロ首脳会談で極まった。彼は、その会談の場で、ロシアの選挙介入を問い詰めるどころか、すでに自国の検察が公式に断定している事実をあっけらかんと否定したのである。曰く、「プーチン大統領がここにいる。やっていないと言っている。ロシアがやる理由が見当たらない」。彼は捜査が「魔女狩り」だと、介入を否定するプーチンと一緒になって自国の検察当局を批判した。これにはさすがにアメリカ国内から強い反発の声が上がり、情勢不利と見た政権幹部は、あわてて今度は「ロシア「ではない」理由は見当たらない」と言うはずだったと、苦し紛れの修正をした。意味が逆である。

二〇一六年の米大統領選をめぐるプーチンとトランプのこの「共謀」に関しては、「ガーディアン」紙の特派員ルーク・ハーディングの著作が微細な点と点を繋ぎ、全貌を浮かび上がらせている(『共謀』集英社、二〇一八年)。彼が基礎にしたのは、元イギリス諜報員のクリストファー・スティールがまとめた三五頁の詳細な報告書である。この報告書は、トランプ陣営とロシアとの長年の「共謀」の実態を赤裸々に示すものだった。もちろん、そこに書かれたすべてが立証されたわけではないが、仮に半分の真実だとしても、大統領の正統性には重大な疑問符が付く。報告書は、ロシアの政権が五年以上前からトランプを「開拓」し、彼の陣営を情報と資金の両面から支援してきたことを示している。ロシアの諜報機関は、これまでのトランプのモスクワでの行動を通じ、彼を「恐喝」できる弱みを握っており、同時にトランプ陣営に、彼らがその政敵を窮地に陥れるために必要な情報を提供し続けてきた。

スティール報告の存在が最初に知れ渡ったのは、トランプ大統領就任の一〇日前、二〇一六年一月のCNNの報道によってだった。その後、ニュースサイトの「バズフィード」が報告書全文をウェブ上で公開した。この一撃で、トランプの「ロシア疑惑」は水面下のものではなくなり、多くのアメリカ人の心配の種となった。ハーディングはスティール報告を深掘りし、トランプ政権とロシアの支配体制を繋ぐいくつもの怪しげな糸を確認している。

ハーディングが浮上させた「糸」のなかでもぞっとするのは、ウクライナのヤヌコヴィチ政権とトランプ政権の重なりである。トランプを予備選で勝利に導いた立役者は選対本部長のマナフォートだったが、彼はウクライナで親ロシアの強権的なヤヌコヴィチ政権を誕生させた張本人だった。同政権は、それまでEUとの間で進めてきた協定を拒否し、ロシア寄りの姿勢を強めた。やがて彼は、盛り上がる反政府デモを前にロシアに逃亡する。もともと大統領の器とも言えなかったヤヌコヴィチに「演技」を仕込み、狡猾な戦術で彼を大統領に仕立て上げたのはアメリカから来た選挙参謀のマナフォートだった。そして、その同じ手法がトランプの選挙でも使われていた。ヤヌコヴィチ政権では、ウクライナ国内の対立が煽られ、やがてその混乱のなかでロシアが東部ウクライナに介入する。同じように、トランプ政権の最大の特徴は、情報操作で社会内部の対立を煽ることだ。ヤヌコヴィチとトランプの選挙戦に共通するのは、知識層は最初から相手にはせず、「無知な多数派」の工作に大量の資金を使い、「敵」のイメージを捏造していくことだった。そのために単純なスローガン、ヤヌコヴィチでは「みなさんの声を聞きます！」、トランプでは「アメリカを再び偉大な国に！」を候補者にひたすら連呼させた。いずれの場合も、候補者自身にとってはその内実はどうでもよかったのだろう。

問題の最終的な焦点は、トランプ陣営とロシアの間での過去に遡る資金の流れとなる。トランプは、大統領になってもあらゆる前例を破って自身の納税申告書の公開を拒否し続けている。しかも、「世界にまたがるトランプ不動産帝国は、数百の不透明な関連企業のネットワークに隠されている」。しかし、ハーディングに従うなら、「過去四〇年間にわたって、トランプが築いた不動産の王国は、モスクワからのブラックマネーの洗濯場としての役割を果たしてきた。旧ソ連の資金が分譲マンションや邸宅に流れ込んでいただけでなく、トランプがアイオワやニューハンプシャーで選挙活動をやっていたときですら、側近たちは念願のモスクワでの(トランプ)タワー建設に向けて、認可と資金援助を得るためにロシア政府と交渉していた」(前掲書)。

これが事実で、このロシアからの資金がトランプ陣営の影響力を支え、最後に政権獲得にまで至ったのだとしたら、これはたんなる汚職云々のレベルの事態ではない。

第2章
星条旗とスポーツの間

NFL選手の抵抗

国歌演奏中に片膝をついてトランプに抗議するNFLの選手(2017年9月24日，アメリカ・マサチューセッツ州，AP/アフロ)

❖はためく星条旗とNFL事件

ボストンで生活するようになって改めて驚いたことの一つは、街中にはためく星条旗の多さである。ボストンだけではない。アメリカのどこの都市に行っても、あちこちの建物に星条旗が掲げられているのを目にするし、しばしば窓や壁にも貼られている。何らかの祝日となれば、それこそ星条旗だらけで、墓地によってはそれぞれの墓石の上に小さな星条旗が掲げられたりもする。戦前の日本でも、これほどまでに多く日の丸が掲げられていなかったのではないだろうか。もし、今の日本でもこんなにたくさんの日の丸が街角にははためくようになったら、安倍首相やその周囲の人々は喜ぶかもしれないが、すぐにでも逃げ出したくなる人も少なくないだろう。しかし、これは今のアメリカでは当たり前の風景である。確証はないが、これほどまでの星条旗の氾濫は、やはり9・11以降の現象なのではないだろうか。

至るところに星条旗が溢れる街に当惑しながらアメリカ生活を始めていた頃、アメリカン・フットボールの選手約二〇〇人が、トランプ大統領の人種差別的な姿勢に抗議。試合開始前の国歌斉唱に加わらず、地面に片膝をついたりして抗議の意志を示すという事件が起きた。最初にこの動きを起こしたのは、コリン・キャパニック選手だった。未婚の白人女性と黒人男性の間に生まれ、生後間もなく白人家庭に養子に出されて育ったキャパニックは、抜群の頭の良さと運動神経で高校時代は野球とバスケットとフットボールの選手を掛け持ちし、しかも学業の成績もオールAという稀有な若者だった。当然、いくつもの大学から野球でスカウトの声がかかっていたが、彼はアメリカン・フットボールを選んでネヴァダ大学に進学する。大学卒業後はプロとなり、クォーターバックとしてサンフランシスコ・フォーティナイナーズのスーパーボウル進出に大きく貢献した。全米フットボール界でも屈指のスター選手である。

その彼が、人種差別や警察の暴力に抗議して国歌斉唱時に国歌を歌わず、片膝をつく行動を起こしたのは二〇一六年八月二六日、まだ政権がトランプに移る前のことだ。このスター選手の抗議行動は全米で物議をかもしたが、当時はオバマ大統領が、選手の行動は憲法で保障されている意見表明の自由を行使しているだけだと擁護していた。オバマはキャパニックが投げかけた問いを、ポジティブに受けとめていたのである。選手の間でも、チームメイトの一部が彼に同調したり、全米女子サッカー代表のミーガン・ラピノー選手が同じように試合前の国歌斉唱で片膝をつくなどの動きもあった。

その一年後、これが全米の世論を巻き込む大騒動になったのは、またしてもトランプ大統領の暴言がきっかけだった。二〇一七年九月二二日にアラバマ州上院議員選の応援演説で、トランプは壇上から、「我々の国旗に不敬な態度をとる奴に、ＮＦＬ(National Football League)チームのオーナーが「あのクソ野郎(son of a bitch)をすぐにグラウンドからつまみ出せ、出てけ。クビだ」と言ったら最高じゃないか」と叫んだのだ。それまで抗議を静観していた選手たちも、この発言に猛反発し一連の騒ぎとなった。

ちなみにトランプのこの発言が出たアラバマ州上院議員選も騒がしい。同州は共和党の強固な地盤である。予備選を勝ち抜いたのは問題の多い超右派のロイ・ムーアだった。ムーアは一〇月、抗議したＮＦＬの選手は法を犯しているとの過激発言をしていたが、一一月、そのムーア自身に、かつて一四歳の少女を含む複数の未成年少女にわいせつ行為をしていた疑いが出た。同じ頃に出た有力民主党議員のセクハラ疑惑と重なり、メディアは政治家のセクハラ報道で持ちきりとなった。それでもトランプはムーアを擁護し、アメリカ政治はロシア疑惑に加えてセクハラ疑惑にも塗《まみ》れる醜態を演じた。結局、上院選は一二月一二日に投開票され、四半世紀ぶりに民主党候補が僅差で勝利し、トランプ政権にとって大打撃となった。

閑話休題。九月二二日のトランプ発言に反発し、抗議行動は一気にＮＦＬの選手全体に広がっていった。トランプ発言の翌日にはシアトル、ピッツバーグ、テネシーなどのチームの選手たちが国歌斉唱中にグラウンドに出ず、数多くのチームで選手たちが腕を組んで抗議し、試合によっては国歌を歌った歌手自身がその後に片膝をついたりして抗議した。こうしてトランプ発言の二日後の日曜日の試合で腕を組んだり、こぶしを突き上げたり、片膝をついたりして抗議の姿勢を示した選手はNFLのほぼ全チーム約二〇〇人に及んだ。当時、テレビに何人もの選手が登場して自分の考えを語ったが、その発言は冷静で筋が通っており、ある種のエリート性を感じさせた。チームによっては、オーナーまでもが国歌斉唱中に選手と腕を組んで抗議する場面も現れた。NFLのコミッショナーも大統領の発言を批判し、「分断を煽るコメントは、残念なほど敬意を欠いている」と述べた。余波は他の競技まで及び、野球の大リーグでも国歌斉唱中に片膝をつく選手が現れ、プロバスケットボールのNBA(National Basketball Association)ファイナルに優勝したチームも、恒例のホワイトハウスへの表敬訪問を拒否した。

一連の出来事について「ニューヨーク・タイムズ」紙のコラムニストは、「トランプは、アメリカの境界線での文化戦争で人種間の憎悪を煽り、ホワイトハウスをまるでテロ組織のような存在にしている。彼がどちらの陣営に味方しているかは明白だ。彼がいるのは、白人至上主義者、白人ナショナリスト、民族・人種差別主義者、イスラム恐怖症、反ユダヤ主義者の側である。彼は、それらの汚水ためと気性が合うのだ。そして今、自身のために、あるいは彼に対して立ち上がった人種的マイノリティの人々ほど、彼をイライラさせたものはなかったようだ」と論評している。このコラムニストは前述の騒動の経緯を説明した後、「こんなことを平気でしでかす大馬鹿者こそ、われわれが「大統領」と呼ぶはずの者なのだ。彼は、暴力的な行進を行った人種差別主義者たちに対してしたよりもずっと厳しい言葉を使って、スタジアムで静かに不正義に抗議したこれらの選手たちを非難した。信じられないことだ」と述べた（Charles M. Blow, "A Rebel, a Warrior and a Race Fiend", *The New York Times*, Sept. 25, 2017）。

◆アメリカにおける国旗・国歌

キャパニックをはじめフットボール選手たちが抗議したのは、アメリカ社会に根深く存在する人種差別に対してであり、この動きが一気に広がったのは、またまたトランプ大統領の無神経な暴言に刺激されたからだが、同時にこの出来事が内包している意味は、アメリカ国家と社会のより長い歴史のなかに位置づけて理解しておく必要がある。たとえば、アメリカン・フットボールの試合前に国歌を歌うようになったのはいつからなのか。アメリカにおいて国歌とは何であり、国歌を歌わないということは、いかなる社会的意味を持ちうる行為なのか。そしてそもそも、人種差別と国旗・国歌は、アメリカではいかに結びついてきたのか。

大まかな構図では、アメリカの歴史において国旗・国歌は、およそ三つの局面を経て変化してきた。第一は、国旗・国歌成立期の一八世紀末から一九世紀初頭にかけて、第二は星条旗が神聖化されていく南北戦争前後、第三はアメリカが世界帝国として繁栄を謳歌し始める一九世紀末から二〇世紀初頭にかけてである。まず、現在のアメリカ国歌とされている「星条旗(The Star-Spangled Banner)」は、一八一二年に勃発した米英戦争でのマックヘンリー砦の攻防のなかで誕生した。英軍のボルティモア侵攻を食い止めたこの戦いを、米軍の視点から描いたフランシス・スコット・キイの戦意高揚の詩が、同時代に酒場で流行していた宴会歌の替え歌の歌詞として使われるようになり、米軍の歌となっていったのである。

やがて正式にアメリカ国歌となるこの歌は、この誕生の経緯からして好戦的である。要するに、「あいつらをやっつけろ、俺たちは勝利する」という歌なのだ。そしてこの歌の最大の特徴は、歌詞が全編、はためく星条旗に向けられていることである。たとえば、冒頭の一番での「砲弾が赤く光を放ち宙で炸裂する中、我らの旗は夜通し翻っていた。ああ、星条旗はまだたなびいているか？　自由の地、勇者の故郷の上に！」といった歌詞にもそれは示されているが、同様のフレーズが延々と続く。星条旗が国旗には定められていたものの、まだそれほど一般に普及はしていなかったこの時代、この歌詞は星条旗の象徴性を極端なまでに強調することで対英戦争のスペクタクルを視覚的に神聖化していったのである。こうして「歌」と「旗」は一体となって、その後のアメリカの好戦的ナショナリズムの中核を形成していくことになる。

もう一つ、この歌の三番は、「金目当ての者や奴隷には、敗走の恐怖や死の闇から逃れられる避難所はどこにもない」という問題含みのフレーズで、キイはここで明確に「奴隷」を新国家の共同体から排除していた。実際、米英戦争では多くのアフリカ系アメリカ人が奴隷からの解放を求めて英軍側で戦っており、英軍も戦力補強のために積極的に彼らを兵士に組み入れた。英軍の植民地海兵隊にはそうした逃亡奴隷が多く含まれており、キイ自身もそうした海兵隊と戦ったことがあったようだ。彼らの一部は、英軍が撤退する際にカリブ海諸島に土地を与えられて住みつくようになったと言われる。

しかも、この米英戦争は、北米大陸に入植した白人たちのアメリカ先住民に対する侵略戦争でもあった。先住民たちは父祖から受け継いだ土地を白人入植者の無法な侵略から守るためにしばしば英軍と協力した。当然、米軍側からすれば先住民はイギリス側についた「裏切り者」と見なされ、そうした連中の排除を正当化する役割を星条旗が果たしていく。つまり、米英戦争はアメリカとイギリスの戦争であると同時にヨーロッパからの白人入植者とアメリカ先住民や連れてこられたアフリカ系アメリカ人との戦争であり、星条旗とアメリカ国歌は、後者を抑圧・排除して前者を正当化する象徴としてその崇高なる地位を確立し始めるのである。

加えて、この歌のメロディは、もともとは酒場で歌われていた宴会歌「天国のアナクレオンに捧ぐ」と同じだった。アナクレオンは紀元前六世紀のギリシャの詩人で、この詩人にちなんだ社交クラブで歌われていた歌は、もともと下品な大酒飲みの歌である。繰り返される「こうするんだ／私のように／絡ませるんだ／ビーナスの花とバッカスのワインを」というリフレインからも想像されるように、メロディは同じでも、今日のアメリカ国歌とは歌の印象がまったく異なる。もっとも当時、この「天国のアナクレオンに捧ぐ」の替え歌は、「星条旗」以外にも多数作られ、スコット・M・グインターによれば一八一三年だけでも「七月四日のために」「自由」「出港禁止令と平和」「連邦と自由」「ジェファソンの選挙」と、まるで新聞の社説のようなタイトルの政治歌が次々にこのメロディに乗って歌われていた(『星条旗』名古屋大学出版会、一九九七年)。アメリカ国歌の誕生はそうした流れの一部をなし、大衆的な俗謡が、星条旗の象徴的な視覚性と結びつくことで神聖なる国歌へと転換していったのである。

だが、実を言えば、一九世紀半ばになってもまだ、今日的な意味での国旗や国歌の神聖性は確立してはいない。グインターの研究が示すように、「一八一二年戦争から南北戦争勃発まで、陸海軍のみならず絵画や陶器などのモチーフとしても星条旗は使われ」るようになったが、愛国心を鼓舞する特権的象徴だったわけではなく、いまだ装飾的な記号という面が大きかった。他方、キイ作詞の「星条旗」も、一九世紀半ばまでにアメリカン・ナショナリズムを代表する歌の一つにはなっていたが、同じように代表的な軍楽「コロンビア、大洋の宝石」や大衆的愛国歌「ヤンキー・ドゥードゥル」と愛国心を高揚させる歌としての地位を競いあっていた。前者の日本版は「海のマーチ」、後者は「アルプス一万尺」である。これらの曲を日本語で聴くかぎり、アメリカン・ナショナリズムとの結びつきを想像するのは容易ではない。一九世紀半ばまでの愛国心と音楽の結びつきは、そんな曖昧なものだったと言えるのかもしれない。

❖南北戦争を境とした根本的な転換

こうしたアメリカ社会における国旗や国歌のありようは、南北戦争を境に劇的に変容する。まずこの変容を示したのは、歌よりも旗のほうだった。南北戦争を通じ、星条旗は北軍のシンボルとなり、戦後は共和党が民主党を排撃する生々しい視覚的表象となっていくのだ。

戦争が始まると、「北部人は、道徳的、愛国的な大義に対して精神的に関わっていることを外に向けて表現する方法を模索し、連邦のシンボルたる国旗に目を向け、それを次第に重視しはじめ、日々の生活のなかで用いるようになった。南北戦争勃発の際、人々はいっせいに国旗を振りはじめたが、その後、国旗がますます象徴的な性質を帯びるようになり、兵士や市民は一様に国旗に対して敏感に反応」するようになった（グインター、前掲書）。貴堂嘉之はこの議論を発展させ、南北戦争中、印刷技術の発達で大量生産可能なものとなった星条旗が「連邦への忠誠のシンボルとして定着し、その過程で軍隊と無名戦士の死が旗とセットで大量に描かれ社会に浸透し、星条旗をモチーフとした忠誠心・愛国主義が明確に視覚化されるようになった」と書いている（樋口映美・中條献編『歴史のなかの「アメリカ」』彩流社、二〇〇六年）。

星条旗の象徴性が強化されると、その旗の下に集まる「我々」と、外に立つ「彼ら＝敵」の分割線がいっそう画然と引かれるようになっていった。貴堂は「北軍戦没者の英霊化が進行した」と述べる。他方、「敵」の視覚化も、国旗の象徴性を利用しつつ先鋭化していった。再びグインターによれば、南北戦争後、「国旗は共和党の政治家たちの辛辣なレトリックの一翼を担うことになった。南北戦争後の数十年間にわたり、共和党の政治家たちは民主党をおとしめるために南北対立の記憶をけたたましく呼び起こさせた。その際に彼らは国旗への称讃を「血染めのシャツの掲揚」と呼ばれる政治的戦略に結び付けた」（グインター、前掲書）。

「血染めのシャツ」とは、南北戦争後に共和党急進派が南部人の戦争犯罪というイメージを再生産するために用いた表象戦略で、彼らは血染めのシャツを振って戦争の記憶を呼び覚まし、人々に誰が「敵」なのかを戦後も思い起こさせ続けようとしたのである。つまり、ここで用いられたのは、「共和党の戦士たちは国旗の栄光と名誉のために戦い死んでいったという論法、そして、北部の民主党員たちは国旗に対する信頼と国旗が象徴するものを裏切ったという論法」である。そして実際、このようにして「容易には衰えぬ怨念と不信感を効果的に利用したことが、一八六〇年代と七〇年代の共和党の躍進を決定的なものにした」(同右)。

やがて一九世紀末になると星条旗に生じていったのは大衆化と神聖化である。一方で、一九世紀後半の経済成長期、新たに富と権力を得た人々が盛んに大量の星条旗を装飾用やイベント用に用いるようになっていった。特に選挙では、共和党の候補により南北戦争の記憶を呼び起こすために星条旗が積極的に使われた。彼らは国旗が人々の愛国心を投票につなぐメディアであることを知っていたのである。こうして一八九六年の大統領選では共和党のウィリアム・マッキンリー陣営は、「遊説の先々に熱烈な共和党支持者からなる「愛国英雄隊」を組織し、また、二〇〇〇ヤードにもなる旗で装飾した列車を走らせて、一日平均七回停車して、演説を行なった」。そして共和党系の新聞「シカゴ・トリビューン」は、「星条旗を掲げよう。そして、国旗を信じないようなポピュリスト的な政策に反対」しようと主張していった(同右)。

シンボルの大量複製は、必ず規範的な使用から逸脱した様々な形態を生んでいく。実際、この時期には星条旗に選挙の候補者の名前や似顔絵を書き込むことが頻繁になされていた。また、星条旗をあしらった名刺が流行し、星条旗は広告にもアイコンとしてしばしば登場した。さらに各種の商品の表面に、星条旗が印刷されるようにもなっていった。

当然、こうした星条旗の政治的、商業的利用に対する反発も広がっていく。人々は、国旗があまりに多くの政治的、商業的目的で用いられるので、その神聖性が損なわれてしまうのではないかと心配し始めた。在郷軍人会や愛国婦人会のような組織が中心となり、公教育のなかに国旗の儀礼を正式に取り入れるべきだとの運動が生じていくのである。こうした団体の人々は、「産業化、都市化、移民の増大による急激な文化の変化に伴って、自らの地位が不安定なものになったと感じていた。その結果、元兵士たちは、戦没者追悼記念日の式典と自らが命を賭けて戦った国旗の讃美のために行動し、母親たちは、国旗を中心とした愛国的儀式を通じて適切な道徳を若者に教えこもうとした」のだった(同右)。

このようにして、「二〇世紀の最初の四半世紀の間に、退役軍人会、友愛団体、その他の民間組織の指導者たちが、国旗に関する礼式を徐々に体系化していったために、合衆国国旗に関連する慣習は、社会の隅々にまで規格化が行き渡ることになった」と、グインターは書いている。その規格化の展開は様々な分野にわたり、たとえば、「ブロードウェイのミュージカルで興行成績を上げるには、劇中に国旗を振って愛国心を高揚させることが不可欠な要素」と見なされていったし、ボーイスカウトやガールスカウトで「国旗に関する礼式は、最も重要な役割を担うことになった」。そして何よりも、この二〇世紀初頭の四半世紀、「スポーツ界のセレモニーでも合衆国国旗が用いられるようになった」のである(同右)。

スポーツの試合での国旗掲揚は、やがて国歌斉唱と対をなしていく。すでに一九世紀末、野球場で国旗が掲揚された例があり、シーズン開幕戦に「星条旗」が演奏されたこともあった。しかし、この種の演奏は例外的で、そのまま恒常化することはなかった。ところが一九一〇年代後半、アメリカが第一次世界大戦に参戦すると、大リーグの経営者たちは楽団を雇い、アメリカの勝利のために戦意高揚の歌としての「星条旗」を試合開始前に演奏させるようになる。この慣例は大戦後も継続され、やがて第二次世界大戦でナショナリズムがさらに高揚すると、すべての試合前に国歌が演奏されるようになった。そして、この流れが冒頭のアメリカン・フットボールをはじめ、多くのプロスポーツにも広がったのだ。

❖もう一つのアメリカ国歌

ここまでの話だけならば、星条旗(=「星条旗」)は近代日本でいえば日の丸に天皇の御真影を重ねたような存在で、一方ではカントロヴィチ的な意味での国家の超越的な身体、他方ではベンヤミン的な意味での複製技術によるアウラの消失の間にあって、複製される記号でありながら、なおネーションを象徴的に受肉し続けていたということになる。そしてそれは、想像の共同体としての国民国家が総力戦体制に適応していくプロセスを、視覚と聴覚の両面で体現していたという結論で終わりかもしれない。しかし、それがただ一つの起源である国旗としての星条旗とは異なり、アメリカ国歌は実は複数存在するという特異性を内包してもいた。

もちろん、公式のアメリカ国歌はすでに論じた「星条旗」だが、これが国歌に決まるのは一九三一年、ハーバート・フーバー共和党政権によってで、制定時期としてかなり遅い。それまでこの歌は、アメリカ国民の戦意を高揚させていく国民歌として広まっていた。だから南北戦争や両世界大戦のような総力戦状況が生じると、この歌の価値が上昇したわけである。

他方、この軍歌がアメリカ国歌になる以前、この歌以上にアメリカの国民歌として親しまれていたのは、別名「アメリカ」の名称でも知られる「マイ・カントリー・ティズ・オブ・ジー(My Country, 'Tis of Thee)」であった。この歌詞は、一八三一年にボストン東部の森のなかの神学校で生まれたもので、それが焦点化したのは星条旗ではなく、「自由なる素晴らしき大地」としてのアメリカである。そこでは、ニューイングランドの林や森、起伏のある平原、川の流れと「自由」との運命的結合が歌い上げられていた。一九世紀前半、アメリカン・ナショナリズムの高揚期に、一方では星条旗の象徴性に焦点化して戦争での勝利を歌う「星条旗」と、他方では自然の大地と「自由」の結びつきを歌う「アメリカ」の両方の国民歌が生まれていた。これらはその後もアメリカの国民的感情の両面と不可分に結びついてきたのだ。

すなわち、「星条旗」がしばしば戦時に戦意高揚を呼び起こしてきたのに対し、「アメリカ」が喚起してきたのは、自由と平等、差別撤廃の感情だった。換言すれば、どちらかというと「星条旗」が共和党好みの国民歌であるのに対し、「アメリカ」は民主党好みの国民歌で、草の根的な運動と結びついてきた。なかでもこの歌に対する国民的感情が最も効果的に利用されたのは、キング牧師の公民権運動においてである。一九六三年八月二八日、マーティン・ルーサー・キング牧師はリンカーン記念堂の階段で歴史的な演説を行った。この演説は二〇万人を超える聴衆が聞き、公民権運動の高揚で決定的なモメントとなる。これは、「I have a dream」のフレーズとともに周知のことだが、キング牧師はこの演説の終わりで、「わが祖国よ、美しい自由の大地をたたえ私は歌う。父祖が骨を埋めた大地、巡礼者の誇りとする大地、すべての山々から自由よ鳴り響け！」という「アメリカ」の冒頭の歌詞を実に効果的に引用していた。

そして、このキング牧師による国民歌の利用は、オバマ大統領に引き継がれていく。二〇〇九年一月二〇日、第一期目のオバマ大統領の就任式で、歌手のアレサ・フランクリンは、この「マイ・カントリー・ティズ・オブ・ジー」を圧倒的なパワーで熱唱した。彼女の歌唱は、わずか数分間でありながら、数百年に及ぶアフリカ系アメリカ人の歴史を集約するに足る圧倒的なもので、その場にいた者のみならず、全世界でテレビの前にいた数知れない視聴者を深く感動させた。それは、アメリカ民主主義が閃光をもって輝いた瞬間だった。オバマの立場からいうならば、彼はこの歌を就任式の中心に持ってくることで、自分がキング牧師の一九六三年の演説の延長線上にいることをアピールしたのだろうし、だからこそ彼は二期目の就任式でもこの歌を別の歌手に歌わせている。

ちなみにトランプ大統領の就任式でこの「アメリカ」が歌われたのかだが、誰かが歌った形跡はなく、おそらく歌われなかったのだと思われる。もっともトランプの就任式では、実力ある歌手の大多数が参加をボイコットしたから、登場したのは二流の歌手が大半だった。モルモン教系の合唱団を持ってきたり、楽器演奏で済ましたりもして、この曲も演奏された形跡はある。ところがこの「アメリカ」の旋律は、実は英国国歌の「女王陛下万歳」と同じなので、演奏だけだとアメリカ大統領の就任式で英国国歌が演奏されたことになってしまう。そんな茶番も主要メディアは見て見ぬふりだったようだが、一部にはトランプに英国女王の格好をさせ、皮肉たっぷりの滑稽な画像を載せているウェブサイトもある。

このように「アメリカ」は、たしかに「自由」と「自然」の賛歌として、本来のアメリカ国歌に「星条旗」よりもずっとふさわしい歌である。他方、この歌がアメリカ東海岸に入植した白人たちが無数の先住民たちを抹殺していった、その歴史を隠蔽していることにも一言触れておくべきだろう。容易に想像されるように、アメリカ先住民は、決して最初から砂漠のような荒野に住んでいたのではない。北米大陸東海岸には、実に豊かな森と林、川や湖の点在する自然が太古から存在していた。そこで長く平和に暮らしてきた先住民を、ヨーロッパの外来者たちは武力で制圧し、彼らの先祖伝来の土地を奪い、その記憶を抹殺してきたのである。だからひょっとすると、北米大陸の先住民の間にも、この場合は「国歌」ではないにしろ、共通に歌われる民族の歌のようなものがあったかもしれない。だとすれば本来、その先住民の歌こそアメリカの歌にはふさわしいと言えなくもないのである。

実際、この地の自然の豊かさを知れば知るほど、この歴史がどれほど残虐なものであったか、改めて実感する。ちなみに私がこの文章を書いているのは、この「マイ・カントリー・ティズ・オブ・ジー」が生まれた場所からさほど遠くないところで、ここで歌われている自然の豊かさを日々実感している。車で三〇分ほど行けば、ヘンリー・D・ソローが『森の生活　ウォールデン』で自給自足の生活を綴り、キリスト教無教会派の先導者ともされる哲学者ラルフ・W・エマーソンと交流した緑豊かなコンコードに着く。アメリカの自然保護運動の一つの原点ともいえる場所が、かつて先住民を苛烈に排除していった場所であり、またこのもう一つのアメリカ国歌生誕の場所でもあるのはまったくの偶然ではない。

ただし、アメリカ国歌は「星条旗」と「アメリカ」の二つに限定されるわけでもない。これらと並び、アメリカ国歌のようなものだとされてきたのは、一七八九年、初代ジョージ・ワシントン大統領の就任式で演奏された「コロンビア万歳(Hail, Columbia)」(フィリップ・ファイル作曲、ジョセフ・ホプキンソン作詞)で、これは一九三一年まで国家的式典では最も格式の高い曲だった。この曲は、他の二つの国歌よりも古く、アメリカ独立と初代大統領の神聖性を宣言する曲だから、歴史的にはこちらのほうが「国歌」にはふさわしいかもしれない。曲の印象からするならば、「コロンビア万歳」は独立国家とその元首の神聖性、「星条旗」は好戦的ナショナリズム、「アメリカ」は自由・平等のアメリカ的理念を強調している。

さらに、アメリカ国歌はこの三つだけにとどまらない。一八九六年にアメリカ海兵隊の音楽隊長だったジョン・フィリップ・スーザが作曲した「星条旗よ永遠なれ(Stars and Stripes Forever)」も人気の高い国歌並みの曲で、愛国心を高揚させる行進曲として頻繁に使われてきた。

加えて、一九一八年にアーヴィング・バーリンが作詞・作曲した「ゴッド・ブレス・アメリカ」も、「第二のアメリカ国歌」と言われるほどに公式行事で利用され続けている。最初の三つが独立国家形成期の作品であるのに対し、後二者はアメリカがその産業力によって世界的な帝国となる過程で生まれたもので、初期のひたむきさは影をひそめ、どちらかというと「アメリカの黄金時代」の賛歌である。トランプ政権には、これらがふさわしい曲だとも言える。

❖アフリカ系市民が合衆国を建国する

さて、アメリカ国歌の複数性についての以上の考察を踏まえ、再びNFL選手たちの「抵抗」の意味について考えてみたい。もともとアメリカの「国技」に近いアメリカン・フットボールは、黒人の選手が主役を演じるスポーツではなかった。「ニューヨーク・タイムズ」紙のサミュエル・フリードマンは、一九六〇年代に軽食堂やバス、ホテルでの人種隔離が撤廃されていった後も、大学スポーツの世界では黒人選手は排除され続けたと指摘している。アメリカ南部の大学のフットボールチームで彼らがプレイするようになるのは七〇年代に入ってからである。六〇年代まで、アメフト界は黒人選手の参加に否定的だった。しかし、スポーツは実力勝負の世界である。最後は勝つために仕方なく彼らを受け入れていったのが実情だろう。プロチームの場合はもう少し早いようだが、それでも指揮官役のクォーターバックに初めてアフリカ系選手が登用されたのは、六〇年代末以降だった（Samuel G. Freedman, "Politics Has Always Had a Place in Football", *New York Times*, Sept. 24, 2017）。

つまり、キング牧師に導かれた公民権運動が一九六〇年代にあり、七〇年代になると、それまで長くアフリカ系選手が周縁化されていたスポーツの分野でも中心近くまで進出していくようになり、九〇年代まではバスケットボールやアメリカン・フットボールで活躍する主力選手の多くがアフリカ系によって占められるようになっていったのだ。これは、同時代に軍や政治、経済の分野で徐々に起きていた変化と並行する変化であったはずである。一九七〇年代から九〇年代までの四半世紀、アメリカ社会のなかでアフリカ系アメリカ人で才能に恵まれた者たちは、それまでにないほど重い地位を占めるようになっていった。オバマ大統領の誕生がこの数十年に及ぶ歴史の頂点であったことは言うまでもない。

まさにこの点で、オバマ就任式でのアレサ・フランクリンの歌声と、トランプの暴言に反発したＮＦＬ選手たちの抵抗の意志表明は通底するのである。キング牧師の公民権運動から半世紀、トランプ政権が推進するのはこの流れへの大いなる反動と言える。しかし、トランプやその取り巻きがいかに声高でも、それは「反動」以上のものではあり得ない。歴史の流れは止められない。グローバル化やネット社会化が途中で停止することがないように、アフリカ系アメリカ人に対する差別が公民権運動の頃にまで戻ることはないし、いかなる人種障壁も昔のようには再構築されない。だから当然、二一世紀を通じてアレサの歌声は人々の心を揺さぶり続けるはずであり、トランプ的「反動」の声が大きくなればなるほど、それに反対する者は横で繋がり、やがてトランプ的「アメリカ」とは異なる「アメリカ」を語り始めるのである。

そのような兆候は、すでにはっきり始まっている。ミュージカル『ハミルトン』の大ヒットである。下世話な話になるが、このミュージカルのチケットの値段の高さは半端ではない。せっかくアメリカに来たのだから、絶対に観なくてはと思い、ニューヨークを訪れた際に観に行ったが、三階席の後ろの席でもこれまでの人生で観た演劇のなかで最も高額の代金を払わなければならなかった。なかなか学生が観に行ける値段ではない。それでも超満員で、広い劇場でも空席はまったくない。しかも、観客のなかに観光客らしき人はほとんど見られない。こんなヒットがもう三年以上も続いているのだから、とにかくもの凄いのである。

いったいなぜ、今のアメリカで『ハミルトン』はここまでのヒットを続けているのか。二〇一六年、トランプが次期大統領に当選した直後、副大統領となるマイク・ペンスがこの劇を観劇した際の有名なエピソードがある。ペンスが観客席に現れると、会場から一斉にブーイングが起こり、カーテンコールで舞台に再登場した俳優たちからも直接、「この国の多様性を守ってほしい」との次期副大統領へのメッセージが発せられた。日本で大人気のミュージカルを安倍首相が観に行ったら会場からブーイングを受け、最後に舞台上の俳優からも忠告を受ける風景を、私たちは想像できるだろうか。これを知ったトランプは例によって「炎上」し、「我々の素晴らしい未来の副大統領マイク・ペンスが、昨晩、『ハミルトン』の俳優たちによってハラスメントを受けた。あり得ないことだ！」「謝れ！」と、彼のツイッターで非難した。

これと対照的に、『ハミルトン』はオバマ政権の文化的基層とそもそも共振していた。このミュージカルの脚本・作曲・演出をしたリン・マニュエル・ミランダは、劇が公開されるよりもずっと前、「オバマ時代」が始まった二〇〇九年五月、ホワイトハウスで催された「詩と音楽、語りの夕べ」に招待され、そこで『ハミルトン』の導入部を自演のラップミュージックで披露していた。ミッシェル・オバマは冒頭、この集まりは異なる背景を持った人々が自分の物語を語り、他者の声に耳を傾け、それらを共有することにより「白い家(White House)」を「人々の家(People's House)」にすることを目指すものだと語っていた。人種的な多様性が強く配慮された出演者のなかで、ミランダはこの時すでに、パワフルに自分の挑戦、ハミルトンの挑戦、オバマの挑戦が互いに響きあうものであることを示唆していたのである。

実際に『ハミルトン』が公演されるのはそれから六年後だから、このミュージカルが出来上がっていくプロセスは、ぴったり「オバマ時代」に重なっていた。だからこそ、オバマは政権最後の二〇一六年に大ヒット中の『ハミルトン』の俳優たちをホワイトハウスに招待したのであり、そこで俳優たちは、六年前と同じ曲に加え、ジョージ・ワシントンが大統領を退任し、アレクサンダー・ハミルトンに別れを告げる場面も演じていた。オバマ政権の最初の年に導入曲を歌い、最後の年に初代大統領退任の場面を演じるとは出来すぎである。

たしかに実際の「オバマ時代」は、そこに期待されたもののごく一部しか実現できなかった。しかもこの時代が体現するのは、まさしくアメリカのナショナリズムであり、それは先住民の抑圧や帝国主義的覇権と無縁ではない。それを百も承知の上で、それでもこう言っておくことができるはずだ。もし、今なおアメリカの未来に微かな希望があるとすれば、それはこの実現されなかったもののなかに、アレサ・フランクリンから『ハミルトン』までの連なりをなすもののなかにこそある、と。

それは、何か——。『ハミルトン』の最大の特徴は、ワシントン初代大統領をはじめ、主人公のアレクサンダー・ハミルトン、彼の政敵だったトーマス・ジェファソン、仲違いの果てにハミルトンを決闘で射殺するアーロン・バー、彼らアメリカ独立革命の英雄たち全員を、アフリカ系の俳優たちがラップ調で演じることにある。全体を通じ、白人俳優が演じるのは敵国イギリスのジョージ三世だけである。このイギリス国王の演技は、バックの音楽と共にとても洒落《しゃれ》ていて忘れ難いのだが、要点は、アメリカ独立革命は、イギリス＝白人に対し、植民地だったアメリカ＝アフリカ系が従属から脱していく闘いだったという視点で歴史を語り直している点にある。つまり、二つのポストコロニアルの物語が重ねられている。

こうした重層化による反転に加え、この劇ではアレクサンダー・ハミルトンとトーマス・ジェファソンの関係も反転されている。通常、建国の父たちを語る物語において、ジェファソンはアメリカ民主主義の基礎を築いた英雄であり、地域に根差した共和制を擁護したことで知られる。それに対してハミルトンは、中央集権と金融システムの重要性を説き、民主主義より立憲主義により重きを置いた。こうした教科書的な理解の限りでは、ハミルトンは国権派、ジェファソンは民権派というふうに見える。

しかし、その生い立ちに目を向ければ、この見え方は反転する。ニューイングランドの植民地で裕福な名門の子として育ったジェファソンら建国の父たちに対し、ハミルトンの生い立ちはまったく違っていた。彼は、西インド諸島で破産した父親と内縁関係にあった女性の子として生まれ、やがて孤児となり、十代でカリブ海に浮かぶ島の商店で働き始めた。文字通り丁稚《でっち》から始め、やがてその商才を認められるようになり、さらに島の新聞にも自作の詩を投稿して文才を認められていった。周囲の援助でニューヨークの現在のコロンビア大学に送ってもらい、そこで猛烈に勉学・読書をして力を伸ばし、次々に雑誌に論考を発表するようにもなっていった。つまり、階級的な視点から考えれば、建国の父たちのなかで唯一、ハミルトンだけが徹底してマージナルな場所から這い上がって革命家となっていった人物なのである。

だからジェファソンとハミルトンの確執は、主張している人物の人生から見れば、大金持ちの理想主義者とどん底からたたき上げた現実主義者の確執となる。この反転をはっきり示すためか、ドラマのなかでのジェファソンは、私たちが教科書的に知っているのとはかなり異なる気障《きざ》な陰謀家であり、相当に毒気の強い人物である。ジェファソンをそのように描けば、その分だけハミルトンの悲劇性が強まるから、作劇的には当然の強調である。実際にどうだったかが問題なのではない。このようにハミルトンを描くことで、アメリカ建国の父たちの階級的境界線とハミルトンによるその侵犯という視点が持ち込まれているのだ。

アメリカは、格差と差別の激しい社会である。この格差と差別は、しばしば人種の境界線と結びついている。逆に言えば、建国の父たちが皆アフリカ系で、その中心に極貧からたたき上げたカリブ諸島出身のハミルトンがいたという物語を描くことは、人種と階級の両面で、価値転覆的なダイナミズムを建国神話にもたらす。それは単に価値転覆的という以上に、アメリカ社会の基層に生き、この社会を変革していくのは誰なのかを私たちに気づかせるのだ。

アフリカ系、アジア系、カリブ諸島、中南米、そしてイスラム――。多様な背景を持った人々が集住し、自分の物語を語り、他者の声に耳を傾けることによりアメリカは生まれるのだという物語を、オバマ政権誕生の原動力となった人々は共有していた。自らプエルトルコ系移民の子である『ハミルトン』の演出家ミランダは、同じようにケニア系の父を持つバラク・オバマと同様、自分自身もそうした多様性の一部であることを知っていた。その多様性は、しかし内部に無数の抗争や乖離、排除、侵犯を含んでいる。多様性は、単にコスモポリタンなのではなく、同時に帝国的でコロニアルなものだ。だからこの矛盾と葛藤に満ちた多様性を統合するには、同じ起源や文化という幻想に浸れる国々以上に統合のシンボルとしての国旗や国歌が強調されていくことになる。

星条旗は、彼らにとっても統合の象徴だが、そこには独立革命と帝国的覇権という二つのモメントが内包されている。その間にある目も眩む矛盾を、抽象的なイメージにすぎないその旗のデザインは開示しない。だから国歌はいわば国旗の解説文として、国旗の抽象性でぼやかされている異なるモメントを識別可能なものにする。一方にあるのは、統合のために「敵＝他者」を指し示していく方法である。他方にあるのは、境界侵犯的な自由にこそ、統合の力学は働くと主張する方法である。ミュージカルが強調するように、アフリカ系アメリカ人も、カリブ諸島も、アメリカ建国の時点ですでにそこに存在していた。国歌となる「星条旗」は、あからさまにそうした他者たちを想像の共同体から排除したのだが、複数のアメリカ国歌がその偏狭さを超えて歌われてきた。『ハミルトン』は、そうしたもう一つの「アメリカ」の現在形であり、その圧倒的な人気は、NFL選手たちの意志表明と同様、この国のナショナリズムの根深さ、その底で蠢く異なる人種、階級の抗争の潜勢力を示し続けている。

後日談　『ザ・ビッグハウス』を観る

帰国後、私は想田和弘監督らのドキュメンタリー『ザ・ビッグハウス』を観た。「ビッグハウス」とは、ミシガン大学にある一〇万人収容のフットボール競技場の俗称で、この映画はそこで行われるアメフト試合を、「試合以外のすべて」に注目して多面的に撮った秀作である。超巨大なスタジアムを埋める膨大な観衆、マーチングバンドやチアガール、厨房、清掃係、警備員、医療班、カメラマン、報道席、ダフ屋、大学グッズの店、ミサの神父、路上の布教者、物売り、廃品回収業者、それにVIPルームから寄附者への学長スピーチまで、製作に参加した学生たちの視点から多様な場面が切り取られ、今や巨大産業と化したアメリカン・フットボールと新自由主義のなかで変容を遂げた大学の関係をくっきり浮かび上がらせている。

圧倒的な印象を受けるのは、ミシガン大学とウィスコンシン大学の対戦が始まるまでのスタジアムを撮った冒頭部分である。上空から特殊部隊がチームの旗をなびかせながらスタジアムに舞い降り、マーチングバンドが北朝鮮顔負けの統一された演奏行進をフィールドで繰り広げ、チアガールたちが盛り上げるなかでスタジアムを埋めた一一万人（定員超過！）の観衆の興奮が高まっていく。その観衆の圧倒的多数は白人であり、アフリカ系やアジア系は少数派だ。そして突然、国歌斉唱が始まる。一一万人の高揚状態の観衆が、誰しも粛然と胸に手を当て、星条旗の方角を仰ぎながら国歌を歌うのである。私は背筋が寒くなったが、このような圧倒的な圧力のなかで、本章で論じたようにキャパニックをはじめアフリカ系選手、彼らに同調した白人を含む選手たちが、抗議のためにあえて国歌を歌わないという選択をしたのだ。この映画を観れば、彼らの選択がどれほど勇気と覚悟のいることだったか、一瞬で理解できる。

ビッグハウスの観客席を埋める観衆の大多数は、ミシガン大チームのサポーターである。こんなスタジアムでアウェーの試合をしなければならないチームに同情したいが、大観衆の熱狂は凄まじく、しかも統一がとれている。そして映画を観ていけば、試合前後や合間のパフォーマンスまでを含めた全体が、これまでアメリカが戦ってきた戦争のメタファーとして経験されていることがわかる。アメフトへの熱狂は、アメリカという国に深く根を張る根本的な軍事性と共振している。しかも映画は、「スポーツ」と「軍事」を結んでいる集合的想像力が、きわめて宗教的なものでもあることに目を向けている。試合の翌日、巨大な観客席の至るところに残されたゴミを清掃していくのが、カトリック教会の人々だったのには驚いた。清掃後、神父が来てミサまでスタジアム内で執り行っていた。他にも観戦客たちがやって来る路上には何人もの説教者がおり、スタジアムへの道はまるで巡礼路のようだ。想田はこの映画のメイキングを解説した著書で、ビッグハウスが現代アメリカの聖地となっていると捉えている。

「アメリカン・フットボールを観れば、アメリカという社会の本質がわかる」と私に教えてくれたのは、帰国間際、昼食を一緒にした時のジョン・ダワー教授だったが、同じことを、想田監督をミシガン大学に招聘し、この映画製作プロジェクトを提案したマーク・ノーネス教授も考えたのだろう。アメリカン・フットボールはいわゆるスポーツ以上の何かであり、この「何か」ほど、アメリカの現在を浮かび上がらせるのに適した素材はない。想田監督がこの素材と出会えば、そこから「現代アメリカとは何か」を考えさせる映画が生まれるだろう。そこまでを、おそらくマーク（ノーネス教授をそう呼んでおきたい）は読んでいた。実はマークは、彼が日本に長期滞在した際、日本側での引き受け教員となったこともあるのでその人となりを知っている。だから想田が著書で、この映画が出来るプロセスでの二人のやりとりを記した部分を読んだときには、あまりに情景がリアルに思い浮かび、一人で大笑いしてしまった。この二人の関係で、想田は現実主義者としてふるまうことになるだろうが、マークの透徹した視座は、映画がスタジアムと「アメリカ」を鋭く結ぶために不可欠なはずだ。

そして映画は、アメフトと今日のアメリカの大学を二重に結んでいた。第一に、そもそもこの映画製作は、想田が招聘されたミシガン大学での授業課題だった。私は第3章で、ハーバード大学での授業がどう進んだかを論じるが、想田はミシガン大学で同様の経験を、私よりも創造的な仕方でしたわけだ。何よりも、わずか一学期でよくここまで学生の撮影力が上達したものだと驚嘆する。この上達は、広く浅くの日本型授業体制では不可能だし、よりインテンシブなアメリカの仕組みでも、教授陣のチームワークがなければ不可能だったろう。

もう一つ、実はこの映画はアメリカの大学についての映画である。今日、アメリカン・フットボールは、アメリカの大学の重要な収入源であり、寄附者への説得材料でもある。公的助成が削減され続ける現状で、大学は自己収入の道を拡大しなければならない。しかし、大学の理念や学問成果でそうした道が開けると思うのは甘すぎる。他方、授業料を値上げしても貧しい若者の大学進学の道を閉ざさないためには奨学金の劇的拡大が不可欠だ。それには自己資金が必要で、大学スポーツの重要性は自ずと増す。こうして出来上がる巨大スポーツ産業としての大学の象徴が「ビッグハウス」なのだ。映画の最後、寄附者を前に財務的な実績を並べ立てる学長のスピーチは、皮肉な仕方でそれを説明している。ミシガン大学は研究も教育も世界トップレベルの大学である。だからこれは、昔からスポーツ中心の私立大学の話ではなく、研究教育でも最先端の大学が向かいつつある未来なのだ。たとえその変化が問題含みでも、座して何も変えずにいれば、大学は過去の知的蓄積を生かせずに内部から腐っていく。土地のない日本の大学が実際に一〇万人収容のスタジアムを建てるとは思わないが、それでも日本の大学に残されている道も、この映画のミシガン大学の姿とそれほど異なるものではないかもしれない。

第3章
ハーバードで教える

東大が追いつけない理由

ハーバード大学ワイドナー記念図書館の正面．大学の中央図書館として，約300万冊の蔵書があり，すべて開架式で，書庫を自由に見て廻れる（©Susan Paige Taylor）

❖ハーバードで教え、ハーバードを学ぶ

二〇一七年から、約一年の渡米を決めた主目的は、ハーバード大学で教えることにあった。過去一〇年近く、私は東京大学の教育改革に関与してきた。そのなかで嫌というほど東大の可能性と困難を知った。それは、日本の多くの総合大学に共通する可能性と困難でもあろう。日本の大学は何をどう変え、どこに向かえばいいのか――。机上の知識なら山とある専門書を読めばいいし、散々になされた議論の記録もある。しかし、私はハーバードで自分が教えてみることで、虚心坦懐に東大とハーバードではどこがどう違うのかを肌感覚で理解したいと考えた。

誤解のないように書き添えておくが、私は「ハーバードの教育」をブランド的価値として理想化するつもりはない。今の日本では、「ハーバード式」「ハーバード流」云々と書名に銘打った本が少なくとも百数十冊は出されている。これは年々増加傾向にあり、一九九〇年代まではせいぜい年五冊程度だったのが、二〇〇四年以降、ほぼ毎年一〇冊以上が出版され続けている。この潮流は、グローバル化や大学世界ランキングの浸透のなかで、日本の一流大学はアメリカのトップユニバーシティに遠く及ばないとの見方が広がったことの証左だろうか。「ハーバー

ド」への関心拡大は、「東大」への幻滅と表裏をなしているのだろうか。

　ここにはたしかに、「ハーバード」を特別視することで日本人の劣等感に訴え、より多くの読者を集めていこうとするメディアの戦略が見え隠れする。「ハーバード」というブランドの卓越性は、「東大」というブランドを頂点から引きずり下ろし、人々の関心を海外に向けていくのに大いに有効なのだ。就職先の一番人気が国内大企業から外資系企業に移行したように、進学先の一番人気も、「東大」「京大」から「ハーバード」「スタンフォード」に移っていくだろう。そのようなグローバル化の言説戦略に、私たちは捕えられているのかもしれない。

　しかし、「ハーバード的なるもの」への日本人の劣等感には、根拠のないブランド戦略の結果とばかりは言い切れない面がある。日本の大学は、アメリカの大学が当たり前のように実現できていることを、いまだ実現できていない。それが本音である。ハーバード大学で実際に教えてみることで、日米の大学で何がどう異なるのか、「東大」と「ハーバード」の間の実質的な距離の中身は何なのかを実感できないか。これが、私にとっての渡米の目的だった。そして実際、東大での長年の経験と比して、「ものすごく違う」との実感である。その違いの根幹は、大学教育を個々の教師の営為に委ねるか、エリート育成の総合的システムとして運営するかの違いにあるのだが、この章では、両者の違いで経験したことを具体的に書いてみたい。

❖シラバスは学生との契約書？

私は、二〇一七年秋学期は「日本のメディア研究（Japanese Media Studies）」という大学院科目、二〇一八年の春学期は「日本のなかのアメリカ（America in Japan）」という学部科目を担当していた。渡米の数か月前、最初に苦労したのはシラバス（授業計画）の作成だった。今回の授業のために、私は英文で一〇頁に及ぶ詳細なシラバスを作成しなければならなかった。毎週、それぞれ何を目的にどんな素材を扱うかを明示し、三本程度の英語の課題文献を詳細に指定するのである。シラバスのフォーマットは明確に決まっており、複数のモデルを渡されてそれを参考に作成するよう言われた。日本の大学のシラバスはせいぜい一頁、一五週分のテーマを並べて終わりだから、この日米の差は歴然としている。実際、日本の大学のシラバスならば、一科目当たり一時間もあれば書けてしまうが、ハーバードでは一科目のシラバス完成までに一週間近くを要した。正直、それは論文を一本書くのと同じくらい大変なのである。

授業が始まってからも、シラバスは決定的な意味を持ち続ける。授業は最初に書いたシラバス通りに進み、大幅な方針変更はNGである。教師だけでなくTA（ティーチング・アシスタント）も学生も、シラバスに従って準備を進め、毎週の授業が進められる。だからある意味で、日本の大学に比べてずっと自由度は小さい。なんて窮屈なんだ、教師がフリーハンドで話の流れを作れるほうが創造的ではないかと思われるかもしれない。だが、ハーバードの同僚に聞くと、皆口を揃えて「シラバスは学生との契約書」だと言う。教師はシラバスで提供する授業の内容を詳細に示し、学生はそのシラバスを見て授業の受講を決めるのだから、その時点で両者は契約を結んだことになる。教師も学生も契約違反はできない。教師が契約内容を変えて別のことを教えるのはご法度だし、学生も契約通りにレポートを出さなかったら落第となる。

アメリカ生活が長い人々には、おそらくこのメタファーがぴったり来るのだろう。とにかくアメリカは社会契約によって成り立っている社会である。しかし、「学生との契約」という観念がそもそもない日本の大学教師にとって、この解釈は今ひとつピンと来ない。正直、教師と学生の関係は社会契約的なものではなく、もっと共同体的なものではないかと思いたくもなってしまう。逆に言えば、アメリカ人的な感覚からすれば、共同体を形成することと社会契約を結ぶことは一体なのである。大学は、そのような社会契約によって形成される教師と学生の共同体だから、シラバスはまさしくこの共同体設立の根幹をなす契約書である。

ここで日米文化比較をしても仕方がないが、「契約書」のメタファーだけでは実感として納得できなかった私は、もう一つの、誰にでも受け入れやすそうなメタファーを考えてみることにした。それは、シラバスは授業というドラマの上演に際し、「教師と学生が共有するシナリオ」だというものだ。日本の大学のシラバスがその授業を売り込む商品カタログ程度のものでしかないとすれば、アメリカの大学のシラバスは詳細に授業の内容を規定している。それぞれの週がどんな場面か、教師の役割は何で、学生に期待される役割は何かを最初から書き込んでいる。それは、演劇の上演に際して最初に渡されるシナリオに近い。もちろんアドリブは許されるが、シナリオに教師と学生とTAの役割が明確に示されているからこそ、授業を教師から学生への一方通行ではなく、各々がその役割に応じて参加するドラマにできるのだ。

では、そのシラバスとはどのようなものなのか。私の春学期授業「日本のなかのアメリカ」を例に示しておこう。シラバス冒頭には、この授業が月曜と水曜、午後一時から二時までの一時間実施されることが実施場所と共に示され、それ以外に金曜日にTAとの復習のための討論クラス、火曜日午後には教授のオフィスアワーがあることも示されている。つまり、この科目だけで講義は週二回、TAとの演習が一回、必要に応じての教授との面談がさらに一回あることになる。この基本事項の記載の後に、科目の狙いや取り上げる内容、受講に日本語や日本史についての特別な知識を前提としないこと、毎週、講義内容に関連した映像を見せていくことなどを書いた講義概要が続く。この辺までは、形式的には日本の大学のシラバスと大差ない。

これに続くのは、この科目で学生に要求される諸事項の記述だ。この授業の場合、毎週のリーディング・アサインメント(課題文献)をこなしたうえ、月曜の講義に真っ向から挑戦する批判的なコメントを四〇〇語以内にまとめ、火曜の午後六時までに授業のウェブサイトに投稿することが要求されている(成績評価の二〇%)。授業への批判を奨励するどころか要求すらするのは、私自身がずっとしてきた授業実践だが、ここでは課題文献の読了が加わっている。目の前にいる教師を攻撃しろという要求に応じるのは学生にとって容易なことではないし、さらに課題文献への言及が加わるのだから、かなり高いハードルである。授業の目論見としては、課題文献と月曜の授業に対する批判を火曜の晩までに学生に書かせ、火曜深夜から私がそれらを読破し、水曜午後に予定されている授業の議論に反映させようとしている。

さらに、週二回の授業とTAによる演習に出席すること(同一〇%)、授業開始から約一か月半後に中間レポートを提出すること(同一五%)、このレポートに対する教授からの指摘を受けて書き直すこと(同一〇%)、授業開始から二か月後に最終レポートの提案書を提出すること(同五%)、授業の最終回で最終レポートの発表をすること(同一〇%)、最終レポートを学期末に提出すること(同三〇%)等と、細かく課題が決められている。注目すべきは、各要求事項が科目の成績評価でどれだけの割合を占めるかが明示されていることだ。この方式は、私が今回の授業で開発したことでは全然なく、あくまでルーティンで実施されている方式に従ったにすぎない。ここまで細かく決められていれば、成績評価はいたって透明である。学期末には、各学生の得点の一覧表ができる。前述の「契約書」のメタファーにも説得力が出てくる。

以上で、ようやく一頁目が終わったところである。まだシラバスの九割近くが残っている。二頁目からは、各週の授業の詳細な説明となる。第一週は「日本のなかのアメリカ、その一五〇年」、第二週は「黒船と宣教師」、第三週は「モダンガールとアメリカン・ライフ」、第四週は「東京空爆」、第五週は「マッカーサーと天皇」、第六週は「米軍基地と若者文化」、第七週は「ゴジラと力道山」、第八週は「皇太子成婚と東京オリンピック」、第九週は「メイド・イン・ジャパン」、第一〇週は「沖縄返還」、第一一週は「東京ディズニーランド」、第一二週は「3・11以後」、第一三週は「日本のなかのアメリカはいつまで続くか」という構成だ。黒船から空爆や米軍基地を経て沖縄、そして東京ディズニーランドまで、多様な話題を扱いながら私が論じようとしているのは、「日本のなかのアメリカ」を、アメリカから日本に輸入されたものと見るのではなく、不均衡なグローバル地政学のなかで日本社会が構築してきた「他者」の姿として理解することである。この反響を子細に見ることで、クラインの壺のように内と外が裏返しになった近現代日本の自己／他者の境界線をめぐるふるまいが捉えられる。

この講義は、私が『親米と反米』(岩波新書)等々で書いてきたことが材料となっているが、受講生は日本語がわからないアメリカの大学生たちである。講義の中身を英語にするだけでなく、日本の歴史的文脈について理解を深めてもらう必要がある。そこで各回のテーマに関連する映像クリップを上映することにした。たとえばモダンガールを主題にした回には小津安二郎監督の『非常線の女』、東京空爆を主題にした回は片渕須直監督の『この世界の片隅に』、米軍基地と若者文化を主題にした回には中平康監督の『狂った果実』の一部を紹介するといった具合だ。選択で苦労したのは、日本語ができない学生を前提としているため、いくら映像が授業の主題にぴったりでも、英語字幕がないと使えないことだった。たとえば雪村いづみやフランキー堺、高島忠夫が熱演した須川栄三監督の『君も出世ができる』などは、一九五〇〜六〇年代の「日本のなかのアメリカ」を考えるのに格好の映像だが、英語字幕がないため断念した。

❖教師は演出家、主演俳優にあらず

以上は二〇一八年一月末から開講した春学期のシラバスの例だが、秋学期に実施した大学院授業「日本のメディア研究」はもうすでに終わっている。その経験でいうと、シラバス作成から、授業の前週に提出される課題文献についてのレポートを読むことまで、授業の前にしなければならない作業は多いのだが、意外にも授業そのものの大変さは日本の大学よりも小さい。TAが優秀であれば、TAと学生の間でどんどん議論を進めてくれるし、教師から投げかけた問いに対し、学生たちは自分たちの間で議論を始める。この「自分たちの間で」というのがポイントである。日本の大学では、大学院のレベルですら、教師と学生が相互に質問と答えをキャッチボールすることはあっても、学生たちの間で議論が深められていくことはめったにない。ところがハーバードで授業がうまくいったときには、学生相互が問題関心を共有し、教師などまるでいないかのように自分たちで議論を続けていくのだ。

こうしたことが可能なのは、一方では学生たちが中学高校段階から議論することをトレーニングされているからだろうが、もう一方では参加者がシラバスに示された課題文献を事前に読み、授業のための問題意識を共有しているからでもある。日本の大学には、このどちらもが欠けているのである。中学高校段階から議論する習慣を育成するのは教育行政全般に関わることで、大学だけの力でどうにかできるものではないが、課題文献の予習を通じた問題関心の共有化は、大学自身の努力で改善可能な事項である。いくら優秀で討議力のある学生たちでも、事前に共通の文献を読んでおくという作業なしに集まっただけでは、教師そっちのけで自分たちで議論を深めていくことなどできない。

換言するなら、授業は、教師が「語り」、学生が「聴く」以前に、学生が文献を「読み」、感想を「書く」ことから始まる。それによって問題意識が共有されるのだ。この「読む」「書く」行為が行われるのは、狭い意味での教室ではない。それはむしろ図書館やＩＣＴのシステムに支えられている。実際、ハーバードにはワイドナー図書館という世界最大規模の大学図書館があり、東アジア関連の文献ではイェンチン図書館がある。いずれも蔵書が膨大であるのみならず使い勝手がきわめて良い。二〇一七年九月、初めてワイドナー図書館を訪れたとき、あまりに広いので私は書庫で道に迷った。うろうろしていると、通りかかった職員が心配して声をかけてくれ、目当ての本があるところまで案内してくれた。そんなこんなで一〇冊近い本を出納係まで持っていき、何冊まで借りられるかと聞くと、「何冊でも」という答え。いつまで借りられるかを聞くと、「来年二月まで（半年間）」という答えだった。この寛容さに、大学が本気で本を読ませようとしている姿勢を感じた。

さらにハーバードでは、「ハーバード・キー」というウェブ上のシステムに教務、図書、メール等すべての情報が一元的に統合されており、たった一つのパスワードで大学が提供するすべての情報にアクセスできる。東大同様、この大学には多数の附属図書館があるが、すべての図書・雑誌情報、データベース、映像コンテンツが一覧的に検索でき、すぐに本を入手できない場合は、章単位で電子データで送ってくれることになっている。ちなみに日本の大手新聞社のデータベースにも自在にアクセスできるから、ボストンにいても日本の情報検索に困ることはない。学生たちは、前述の授業のウェブサイトにこのハーバード・キーを通じてアクセスし、そこで各回の課題文献をダウンロードし、それらを読んでコメントも同じサイトにアップロードする。全学的に統一された簡便な情報インフラは、討論型の授業の前提である。

課題文献を読み、それについて討論する。そうした実践を中核に織り込んだハーバードでの授業を進めるなかで、私は「授業がうまくいく」とはどういうことか、再考させられることとなった。一般には「授業がうまくいく」とは、教師の講義がスムーズに展開され、学生たちの理解が進んだときのことを指すとされる。しかし実際には、こちらが饒舌に説明しすぎると、学生たちの議論は活発化しない。むしろ、課題文献の選択が適切で、学生たちが興味をもってその文献を読んでいれば、講義自体の出来栄えは不十分でも議論は活発化する。そしてその議論をリードするのは教授ではなくTAなのである。しかもこうした授業のほうが、学生たちの発想の転換や考え方の深化を進ませるのだ。したがって、「授業がうまくいく」とは、実は担当講師の出番が少なく、むしろまるで黒子のようになって、TAと学生たちとの議論の聞き手に廻れたときのことを指すのではないか——そう私は考えるようになった。

実際には、ハーバードでもそんなことは頻繁には起こらないし、そういう流れになっていても、教師がついでしゃばって発言し、学生相互の議論の流れを壊してしまうこともある。これは自戒を込めて書いているのだが、大学教師はおしゃべりなので、つい黙っていられなくなってしまうのだ。私の科目でもそうしたことが何度か起き、私は後から反省した。秋学期の大学院科目では、前半のほうが、学生たちは私の存在など気にすることなく、課題文献の問題点について学生相互に議論をしていた気がする。後半に向かい私の講義の流れが出来上がってくると、むしろ学生間の議論が最初ほど活発でなくなり、多くの学生が私に対して問いを投げかけたり、意見を表明したりすることが増えたようだ。これは、授業としては失敗である。そしてその責任は、私自身の講義の饒舌さや発言の多さにある。実に困ったものである。

ハーバードと東大で学んだ経験のあるベンジャミン・トバクマンの『カルチャーショックハーバードVS東大』(大学教育出版、二〇〇八年)を読むと、東大の授業で私よりもひどい例が登場する。それによると、トバクマンが自分の発表でマイケル・サンデルの授業映像を使いながら教室の学生たちに質問を投げかけると、学生たちが考えるより前に教授が正解を答えてしまった。しかもそれが何度も続いたので、彼は、「先生は自分がこのディスカッションをどれだけ独占しているのか、さっぱり理解していなかった。そして学生の発想は、自分の発想ほど重要ではないという偏見があったのだろう」と書いている。対話式の授業を実施しても、教師は正解を常に持っているという前提を崩さない限り、創造的な対話は生まれない。

ではどうすればいいのか――。もちろん授業というのは教師の講義や助言なしには成立しないから、最初から最後まで学生たちの自由な議論に任せるのも正しい解決策ではない。学生たちの議論は放っておくと、しばしば頻繁に発言する学生に引っ張られ、しかも知的に深いというよりも世間的にわかり易い理解に向かいがちになる。そうではない、みんなが自明と信じていることをもっと疑わなければならない、常識に従うのではなく、学問的な論理に従って考え、その常識の前提を問い返そう。適切なタイミングで、そうしたメッセージを教師側から介入的にしていくことは必要なことだ。しかしそれが過剰になると、議論の構造が多核心的ではなく、教師を中心とする放射的な構造になってしまう。微妙なバランスが必要なのだ。

❖第三のアクターとしてのTA

ここで決定的な役割を演じるのは、教授よりもTAである。シラバス同様、日本の大学も昨今、形ばかりはTA制度を導入しているが、多くの場合、担当講師のお手伝いという域を出ない。だが、私の科目でTAをしてくれたKさんの仕事ぶりは、私のお手伝いというレベルをはるかに超えていた。彼女はシラバスで課題文献を決めていく際、私と議論し、その目的ならこんな文献があるとか、この文献の量は少し多すぎるとか助言をしてくれた。授業の広報ポスターを作成し、課題文献のPDFファイルをハーバード大学のすべての授業で用いられているウェブサイトにアップロードした。授業が始まると、毎週、授業前に一時間ほど私とミーティングをして、その日の授業の狙いや個々の学生の理解度について意見交換した。そして授業でも、学生たちの議論をリードするのは彼女の役割だった。毎回、課題文献について一人の学生に発表させたが、彼女はその学生に適切なアドバイスを与えていた。さらにハーバードでは、教授のオフィスアワーとは別に、TAが学生たちの研究相談に応じるオフィスアワーを設けており、おそらく彼女は私以上に多くの学生の細かな相談に乗っていた。秋学期の授業にはなかったが、一般にはTAは教授の授業以外にもう一コマ、参加学生との討論クラスを運営する。

授業での議論を聞いていても、学生たちが担当講師の私とは別の意味で、TAのKさんのことを尊重しているのがよくわかった。Kさんも学生たちを大切にしており、一度、諸般の事情で授業時間を夕方に移させてもらったことがあったが、彼女はなんと大学側と交渉して、参加者にお弁当を用意させる芸当までやってのけた。授業の最終週が終わると学生たちは最終論文を提出するが、そのすべてをTAは担当講師と共に読む。そして私がそれぞれの論文に対して下す評価に、個々の学生の取り組みを丁寧に見てきた立場から彼女なりの意見を加えてくれた。要するに、私の秋学期の授業が、KさんのようなTAなしにはまったく成立しなかったことは明白である。TAは、教授の単なるお手伝いではない。

たしかに私がハーバードのことをよく知らない日本人教師だから、大学側が配慮してKさんのような特別に優秀なTAを充ててくれたのかもしれない。おそらくハーバード大学ですら、TAの能力の平均値はKさんほどではないだろう。大学側の配慮に感謝しているが、それにしてもKさんのTAとしての仕事ぶりは、私がこれまで日本の大学で考えていたTAの概念を根本からひっくり返すに十分だった。個人差はあるにしろ、日本の大学では、まだこうした意味でのTAの概念が成立していない。制度としてTAを導入したり、TA雇用のための予算を充当したりするのも必要だが、それ以前にそもそもTAは担当講師のお手伝いではないこと、TAのいる授業では、担当講師の位置づけや授業の組み立てそのものを従来の講義とは変えていく必要があることを前提的な共通認識として確立すべきである。

苅谷剛彦が論じたように、TAはアメリカの大学の教育と研究を媒介する要の位置に発達してきた職能である。その数が劇的に増えたのは一九六〇年代で、経済成長のなかで大学生の増大は大学教授の需要を生み、その大学教授を育成する大学院が拡張し、その結果、大学院生に対する経済的支援策としてTAも増えていった。急増した学部学生への対応が、教授を手伝うTAをそれまで以上に必要とするようになった事情もあったとされる。さらに苅谷は、同じ頃に起きた大学教授職の変化が、TAの増大を促進したという。業績審査が厳しくなり、テニュア（終身雇用資格）の准教授、教授と昇進できなければ、下位の階層にそのまま留まるということが困難になったのである。「万年助手、万年講師」のような存在が消え、大学教育で下位の仕事を受け持つ教師の数が減った。これらのことが、TAの劇的拡大を促したのである（『アメリカの大学・ニッポンの大学』中公新書ラクレ、二〇一二年）。

TAの急増は、すぐさま二つの問題をもたらした。学部教育の質の低下とTAとなった大学院生自身の研究時間の不足である。このあたり、今の日本で博士課程の院生が務めることの多い非常勤講師職とやや似ているが、教育方法についてのトレーニングを受けていない大学院生がすぐに学部学生の授業を担当しても、必ずしも十分なレベルの教育をすることはできない。こうした批判から一九七〇年代はTA改革の時代となった。TAセミナー等、TAに対するトレーニングの仕組みが整備され、TAが大学教育のなかで果たすべき役割が明確化されていった。苅谷によれば、TAセミナーで取り上げられるのは、討論の進め方やレポートの出題法、シラバスの作成法や研究計画の指導法、講義での学生への対応等々、どれも具体的で実質的なものばかりである（東大でも、これに相当する未来の教授職のトレーニングプログラム「フューチャーファカルティプログラム（東大ＦＦＰ）」を全国の大学に先駆けて実施し、大きな成果を挙げてきた。大学全体のＴＡ制度ではアメリカに遠く及ばないが、このプログラムは世界標準の試みと自負できる）。

ＴＡには、忙しい教授の補助業務をこなし、大学院生として経済的支援を受け、さらに教授の授業に準備段階から関与することにより、将来の職業のための予備的訓練をするという意味がもちろんある。しかし、一九七〇年代以降、アメリカの大学でＴＡ制度が整備されていくなかで生み出されていったのは、大学生たちとの関係でＴＡが、教授とは質的に異なる指導的役割を果たす可能性であった。たとえば、私の授業のＴＡをしてくれたＫさんのようなＴＡがいる授業は、教授と学生が一対多で対面する授業とは異なるコミュニケーション構造を可能にする。いわば楕円形というべきか、教授の他にＴＡがコミュニケーションのもう一つの中心をなし、この中心の複数化が、他の学生たちにも議論の中心となる可能性を開いていくのである。

その場合、教授は授業というドラマの主役ではなく、ＴＡや何人かの学生が主役になって活躍できる仕掛けを考える演出家となる。ＴＡが学生たちとの対話の前面に出てくれるので、教授のほうは一歩下がって、そこで演じられていることの全体を見渡す余裕が生じる。主役としての教師から演出家としての教師へ（観客としての学生から演者としての学生へ）——日本の大学の授業でこの役割の転換を実現できるなら、形ばかりの対話型授業ではない、大学という場の権威構造を少しばかり転換させるスリリングなアクティブラーニングが実現するはずだ。

❖多すぎる日本の大学の履修科目

精密なシナリオとしてのシラバスとプロフェッショナルな意識を持ったＴＡは、日本の大学教育とアメリカの大学教育を現場レベルで隔てている二つの実質的モメントである。当然、日本でも近年では大学改革のメニューのなかでシラバスの整備とＴＡ制度の導入が進められている。しかし、形ばかりは導入されても、実際にハーバードで二学期分のシラバスを作成し、ＴＡと共に授業を運営してわかるのは、いまだ両者は似て非なるものだということだ。日本でシラバスは科目の商品カタログにすぎず、ＴＡは担当教員のアシスタントの域を出ない。

何が問題の根本なのか。結論から述べるなら、日本では一学期に学生が履修する科目数が多すぎるのである。一般に、アメリカの大学で学生が一学期に履修する科目の数は、せいぜい四〜五科目なのに対し、日本では一〇〜一二科目程度を履修している。二倍以上である。この日米大学の履修科目数の差が、日本の大学での科目ごとの学びの薄さを構造的にもたらし、アメリカの大学のようなシラバスとＴＡを活用する、より手厚い教育の実現を困難にしている。

なぜなら、一週間に一〇以上も科目を履修していたら、それぞれの科目について予習・復習を入念にすることなど、よほど真面目な学生でも不可能である。仮に、各科目が三本の課題文献を受講生に要求したとすると、学生が一週間に読まなければならない論文の本数は三〇本以上になる。こんなことは、勉強しないので世界的に有名な日本の大学生はもちろん、彼らよりもはるかに勉強しているアメリカの大学生だって、まともにこなせる量ではない。過ぎたるは及ばざるが如し、かえって学生はやる気を失う。

それだけではない。日本の場合、学生たちはできるだけ少ない曜日に科目履修を集中させ、残りの曜日をアルバイトに当てようと考えるから、同じ日に四つも五つもの科目をハシゴする。真面目な学生でも、それぞれの授業に出てノートをとるのが精いっぱいで、そこで提起された問題をより深く考える余裕は生まれない。結局、とにかく出席した記録を残し、試験前にノートの事項を頭に叩き込んで単位を取るといった行動パターンが一般化する。

日本の大学では、こうしたパターンが四年間も続く。卒業までに六〇〜七〇科目を次々に履修していくのだが、あまりに履修した科目が多いので、それぞれで何を学んだかは容易に忘れられる。稀に教師と個人的な繋がりができれば、その学生はかなりラッキーだ。一般には単位を得たという以上の何かが科目から学生にもたらされることはない。要するに、日本の学生が勉強をしないのは、彼らが不真面目だからというよりも、そもそも大学教育の仕組みが彼らを学びに開かせる仕方にできていないのである。

他方、学生が一学期に履修する科目数の多さは、教員が担当する科目の多さにも対応している。実際には、大規模総合大学だと大学院独立研究科や研究所があるので話はもっと複雑だが、ここは話をあえて単純化しておく。大学教授たちは、日本の大学ではアメリカの大学よりも概してずっと多くの科目を担当している。その分、負担もとんでもなく大きそうだが、実はそうではない。日本の大学では、それぞれの科目に割かれるエネルギーが、アメリカよりもずっと小さいのだ。シラバスの違いについては前述したが、個々の学生への対応にしても、授業評価にしても、日本のほうがルーズである。私が過去に東大や他大学で担当したいかなる科目も、ハーバードで担当した科目ほどには作りこまれてはいなかった。逆に言えば、それぞれの科目単位での負担が相対的に軽いから、担当科目の数が多くても教師はなんとかやっていけるのであり、アメリカの大学のように精密なシラバス、学生への対応を、担当するすべての科目で要求されたら、今度は教師たちのほうが疲弊してシステムは破綻してしまうだろう。

この日米の授業の「重さ」の違いを実感させられた逸話を紹介しよう。私の春学期の授業は一月下旬から月曜と水曜の午後に行われた。二月初旬、東大大学院で私が主指導をしてきた院生たちの修士論文審査が行われることになった。指導教員として、私は彼らの修論審査には出席すべきだと考えた。ボストンから東京への直行便は正午頃発の毎日一便で、その便に乗るには水曜の授業を休講にしなければならない。当初、私は休講して後で補講をすればいいと考えていた。ところがハーバード大学では、およそ授業の「休講」など許されないことがわかってきた。日本の大学でいえば、入試の監督や採点には欠席不可の厳しい拘束がかかるが、授業の休講が問題になることはない。アメリカの大学では、「授業」が日本でいう「入試」に相当する重さを持つのである。結局、私は休講せず、その日の夜の便でロサンゼルスに飛び、そこから日付変更線を越えるので翌々日の早朝着となる便で一時帰国することにした。

つまるところ日米の大学は、学生も教師もそれぞれの仕方で帳尻を合わせているのだが、新しい学びの場としてどちらが望ましいかは明らかだ。シラバスにしろ、TAにしろ、アメリカの大学で発達した仕組みを日本に導入していくうえでの一丁目一番地は、学生が一学期に取得する科目数を半減させることである。これは、大変なように見えて制度的には簡単だ。現在、日本の大学で学期毎に開講されている科目の多くは一科目が二単位である。アメリカでは、一科目は一学期で四単位の科目が多い。だからこの平均を変える。つまり日本の大学でも一学期一科目の平均を四単位にすればいい。すると必然的にその科目は週二回以上開講されることになるし、復習のためTAによる討論クラスを設ける可能性も出てくる。四年間で学生が取得する単位数は変わらないから、履修科目数は半分に減る。毎学期、学生は五科目程度を受講し、その科目をみっちり学ぶ。年間で一〇科目。これならば個々の科目の選択が重要性を増し、何を学んだかは忘れない。大学は四年間で三〇〜四〇の科目を学生の関心に沿って提供していく。

制度的には簡単だと述べたが、実際にはこうした改革はとんでもなく困難である。科目数を半減させるということは、これまで開かれてきた半分の科目を閉じる、科目間で取捨選択をしていくことを意味する。日本では、教授の学問的アイデンティティと彼が担当する科目がしばしば対応してしまっているから、科目を半分に減らすとなれば猛烈な抵抗が生じることだろう。だから正確に言えば、開講科目を最初から半分に減らす必要はない。学生が選択する履修科目が現在の半分でもいい構造を創り出していけばいいのである。一学期四単位で週二回開講し、国際標準レベルのシラバスとTAを備えた授業の数を増やしていく何らかの方策を立て、学生たちがそうした「重い」科目を積極的に取得していくように方向づける必要がある。学生たちは「軽い」科目を寄せ集めて単位数を稼ぐほうが楽だと思うかもしれない。だが、それでは永久に日米の教育の質の差は埋まらないので、「重い」科目の履修こそが大学本来の姿であるという認識を広めていく必要がある。一年や二年では変わらないだろうが、こうした方向での転換策を一〇年続ければ、日本の大学も、現在のように「軽い」科目の乱立状態から、「重い」科目が主流のカリキュラム編成が当たり前の状態に転換できるかもしれない。

❖メリハリのある大学生活

さて、ハーバードでは、学期は始まったかと思うとあっという間に終わる。それが、実感である。秋学期が始まるのが八月末で、最後の授業は一一月末。そこから最終レポートの執筆期間に入る。春学期は一月下旬に始まり、四月下旬に最後の授業があり、その後は最終レポート執筆期間となる。いずれも実際の授業期間は三か月で、この期間内は学生たちが毎週提出する小レポートを読んだり、英語授業の準備をしたり、オフィスアワーに学生の研究相談に乗ったり、大学側が催す様々なイベントに参加したり、とにかく忙しいが、それが三か月を超えて長引くことはない。学生たちは、最終レポートを提出してしまうと、故郷に帰ったり旅に出たり、まったく自由の身となる。教師陣も日本の大学のような膨大な入試業務は存在しない。大学執行部はもちろん忙しさが続くだろうが、一般の教授の場合、日本の大学のように無数の委員会業務がそこに入り込んでくることはない。

もう一つ、大学キャンパスに毎日車で通う身になって気づいたことは、多くの教職員が朝九時前にはしっかり職場に来ているのだが、午後は遅くとも五時前には帰宅することである。朝九時半頃、私が大学に着く時間にはほぼ満車だった学内の大型駐車場が、午後五時頃にはガラガラになっている。しかも育児や諸々の理由で多くの教職員が午後三時くらいには帰宅を始めるから（他の組織でも同様なのだろうか）、周辺の道路は午後四時頃には渋滞が始まる。この渋滞は六時頃まで続くが、午後七時過ぎには誰しも家に帰ってしまっているので終わっている。たとえ忙しい時期でも、日本のように教職員が夜八時、九時まで残業することはあり得ない。

要するに、アメリカの大学生活は、日本よりもはるかにメリハリが利いている。働くときは集中して働き、学ぶときは真摯に学ぶが、時間が過ぎるときっぱりそこから離れる。もちろん日本の大学人だって、多くの人はそのほうが望ましいと思っているに違いない。しかし、日本の大学では決められるべきことが延々決まらず、多くの教職員が手続きや調整、意思決定に膨大な時間を使い、結果として業務が果てしなく続く。教員も職員も、先の見えない非効率な長時間労働でやがては疲弊していくのが現実である。なぜ、ハーバードでごく自然に実現できていることが、日本のとりわけ国立大学ではまったく実現しないのか――。

その最大の原因は、大学の諸機能の専門分化が進んでいないことにある。私が渡米してハーバード大学で諸々の手続きを始めたのは二〇一七年八月のことだった。最初の二週間、私はライシャワー日本研究所の優秀なスタッフに助けられながら多くの手続きをした。おそらく日本の大学ならば、この種の手続きは所属学部の総務課あたりに書類が揃っていて、その係員に助けられながらその場で書類に記入していくだろう。その際、決定権は職員にはないので、諸委員会を経て一か月くらい後に決定が下されることになる。ところがハーバードでは、私はあちこちの専門職員のオフィスに連れていかれ、質問に答え、提示される書類にサインをした。それ自体は面倒だが、その職員の承諾が得られると、その場で私に関するすべての事項が決定された。ちょうど入国ビザが、大使館の係官の面接によって決定・支給されるのと同じである。各専門職員は、自分の職掌の事項では直接、最終決定権を持っているのである。

つまりハーバードでは、各分野で決定権を持った職員がおり、その人自身の判断で相当なところまで決裁できる。より上位の誰かに確認したり、委員会に諮ったりといった手続きは行わない。このように意思決定の専門化と分業化ができていることが、ハーバードという巨大組織の運営を効率化している。ところが日本のとりわけ国立大学では、意思決定を過剰に合議制に委ねているため、職員が決定権を持つ範囲が狭く、そもそも職員の専門職化も進んでいない。その結果、職員が教授陣の了解なしに物事を決めるのを避け、何でも教授陣の委員会で決定してもらおうとしがちになる。教授たちも、誰も専門家はいないから、誰かが一人で決定することは忌避され、無数の委員会が開かれて合議で決めた形をとる。そうした業務がどんどん膨らみ、非効率な長時間労働状態が蔓延していく。しかも、決定の責任は曖昧である。

これはまるで、近代的官僚組織とムラの寄り合いの集合体の差である。専門的な訓練を受けた職員が、その職掌について誰と合議することもなく決裁できるのは、当人にその決定権が与えられているからだが、同時に多くの業務が学部や大学を越えて標準化されているからでもある。だからこの種の専門職員は、それぞれのキャリアを地方の小規模大学の職員から始め、有能ならば徐々に規模の大きい、より中心的な大学に移っていく。大学教授だけでなく、大学職員も各専門で組織を越えて異動するのである。当然ながら、それぞれの職員は、その分野の全国的な標準に照らして自分の職務を遂行しているのであり、常に全国的、さらには世界的な規模での競争を意識している。大学業務の専門分化と標準化は、職員が自分の専門業務を個々の組織のローカルな力関係に左右されずに遂行できるための前提条件である。

シラバスやTAと同じように、最近では日本の大学でも専門的なアカデミック・アドミニストレーターの必要性が叫ばれている。それ自体は望ましい方向だが、そのような人材の養成は、これまで教授会や諸委員会に委ねられてきた決定権を縮小し、専門の職員に移管していく意思決定の仕組みへの転換と並行させなければ無意味である。もちろん、成績や学位授与、教員人事など、教学に関する若干の業務は教授陣の専権的な事項なのだが、大学業務のなかには、非専門家である教授たちが合議して決めるよりも、高度に専門的な職員を養成し、そうした専門家に委ねたほうがいい業務も多い。教授たちは、自分たちが結果的に保持している意思決定権のある部分を積極的に手放すことによって、初めて過剰な大学業務から解放されるのだ。

学生の履修科目数を半減させることと同様、こうした意思決定の仕組みの改革は簡単なことではない。正面突破で事を運ぼうとすれば様々な抵抗や反発も予想される。だからむしろ、日本の大学でもどうすれば教職員が、もっとメリハリの利いた大学生活を送れるようになるかを真剣に考えたほうがいい。学期中の教育への深い関与は大学教師にとって根本である。この点では、日本の大学よりもアメリカの大学のほうが、より徹底した関与を教授陣に要求している。問題は学期外、就業時間外の業務の多さである。入試から諸々の組織運営上の業務まで、日本の特に国立大学で教職員が抱える外部的業務は多岐にわたるが、一度、午後五時以降、また祝祭日や休暇期間中は、教職員は一切業務をしない、絶対に委員会を開かないことを徹底させてみたらどうだろう。実に多くの支障が生じると思うが、その一つひとつを労働時間の拡大ではない方法で解決していく道を探るべきである。

日米の大学間、また東大とハーバードの間に横たわる距離は、以上の現場レベルの差に止まらない。むしろ、圧倒的に多く語られてきたのは、アメリカのトップユニバーシティの豊かな資金力に日本のいかなる大学も太刀打ちできないことだった。施設面でも、ハーバードの学内に配置された駐車場や大学バスの循環システム、ヤード（メイン・キャンパス）の内外にある学生寮の充実ぶりを見ると、たしかに日米の差はソフト以前にハード面で大きいと痛感させられる。これに対して日本の大学は、国の予算の削減に苦しむだけでなく、一八歳人口の急激な減少に直面している。現在の約一二〇万人が、二十数年後には約九〇万人まで減少するのだ。このままでは早晩、相当数の大学が経営困難に陥る。社会人学生や留学生を大幅に増やし、しかも学びの質を向上させ、さらに組織改革を断行するという一石三鳥の戦略を編み出さない限り、日本の大学の内実は現状よりさらに劣化していくのを免れないだろう。

ここで必要なのは、現状の弥縫策《びほうさく》ではない。シラバスにしろ、TAにしろ、アカデミック・アドミニストレーターにしろ、アメリカの大学で機能しているからと、それだけを部分で導入しても結果は形ばかりのもので終わる。現状への接ぎ木では大木は育たない。必要なのは、将来を見据えた根幹的な構造改革、これである。それには教育面では学生の履修科目数の半減、運営面では合議制偏重から専門性ある職員による標準化された意思決定への移行が第一歩となる。日本の特に国立大学は、あまりに多くの責任と権限、教育上の役割を個々の教授に負わせ過ぎてきた。今も、一人ひとりの教授や准教授に「改革」への重すぎる責任と負担を負わせている。しかし、日本の大学がまず解き放たれなければならないのは、大学教育とその運営の、こうした過剰に教授中心の仕組みなのだ。大学教授は、大学というドラマのなかである役割を与えられてはいるが、決してその作者でも、主役でも、興行主でもないのである。

後日談 学生が教師を評価する

ハーバードでは、授業が終わり、学生の最終レポート提出、成績評価も終わってしばらくすると、今度は学生による授業についての評価結果が公開される。いわば私の授業に対する学生側の成績表である。東京大学で教師になって約三〇年、自分の授業がこうした形で学生の評価を受けることはなかったので、興味津々、小中学生の頃に成績表をもらう時の気分で評価結果のサイトを開けた。そこで最初に驚いたのは、その評価項目の細かさである。授業全体の質の評価に加え、予習課題の適切性、提出物への教師からの返答、授業素材などに始まり、私自身の講義の出来、学生の討議を刺激できたか、個々の学生への対応など、実に詳細な項目が並ぶ。そして評価対象は、ＴＡをしてくれた博士課程の院生にも及んでいくのだ。しかも、各項目で学生が付けた評価の平均が数値化され、その項目の教員全体での平均と並べられている。

モンタナ大学の教育システムを詳細に紹介した橘由加の『アメリカの大学教育の現状』(三修社、二〇〇四年)を読むと、私が経験した授業評価は、全米ではごく平均的なものだったことがわかる。一般的に問われるのは、授業の準備、講義の組織化、ユーモアのセンス、学生への理解、学習意欲の喚起等々で、「教育内容の構成とその授業展開および学生に対する学習意欲の喚起」が評価の柱である。「ユーモアのセンス」まで問われては、英語力で劣る私のような外国人教師はお手上げだが、これは教育のコミュニケーション的次元の評価で、冗談を飛ばしまくる授業が良いわけではないだろう。重要なことは、ここでの評価軸が決して講義内容だけではないことだ。文献の選択から学生へのコメント、討論の喚起までを総合的に評価する。

昨今は、日本の大学でも「授業評価」と称して授業についてのアンケートを受講生に書かせる大学が増えた。とはいえ、まだ多くは学生が文章で授業の感想を書くスタイルで、授業の構成要素を多角的に項目化し、それぞれの評価を数値化したり、さらに結果を学生にも公開している大学は少ないのではないか。しかし、学生が授業の感想を書いて教師に伝えるのと、項目ごとに学生の評価が数値化され、その結果が公開されるのではまったく意味が異なる。実際、私は日本でも、過去に自分の授業についての学生アンケートを受け取ったことはある。しかしそれを読んで考えるのは、受講生がどのくらいまで講義を理解したかという学生側の理解度であって、教師側の授業運営の課題や改善方向ではない。評価項目が細かく構造化され、それぞれの評価が数値化されて初めて教師は自分を相対化し始めるのである。

この方式には、当然ながら賛否両論がある。つまりハーバード大学の教員にも、評価を数値化し、その結果を学生に公開していくことへの批判がある。なぜなら、こうした学生による授業評価の徹底は、大学のサービス産業化を助長する可能性が高いからだ。つまり一方で、教師は学生の需要や期待に応じて授業の内容を変えていくかもしれない。他方、学生たちも、前年度の授業評価を見ながら選択科目を決めていくから、評価の高い科目に受講者が集中していく可能性があり、結果的にそれは担当講師の人気ランキングのような機能を果たしていくかもしれない。このいずれにおいても授業評価は、授業という大学の根幹を市場的な仕組みに巻き込んでいく危険な仕掛けとして機能する。そしてこれは、市場主義と結託した管理主義の強化をもたらしかねない。実際、すでにテニュア(終身雇用資格)を獲得しているシニアの教授であれば、授業評価の結果がその人の職位に影響する可能性は大きくないが、若手教員の場合、評価結果がその後のキャリアに影響を及ぼす可能性があり、事は重大である。

他方、授業評価が授業の感想を記述するだけにとどまる場合はどうか。それぞれの教師は、学生が書いたコメントを一通り読むだろうが、それを他の授業の評価と比較させることはできないし、批判的なコメントがあっても一部の少数意見と見なすかもしれない。記述式で学生全体の評価傾向を摑むのは難しいから、その後の授業運営に大きな影響を及ぼすことはないだろう。他方、学生も、アンケートに自分の感想を書くだけでは、フィードバックがないから何のためにそんなことをしているのか実感できない。自分が書いた「感想」を、先生は読むかもしれないし、読まないかもしれない。読んだとしても、忙しい先生からフィードバックはない。すると自分が受講した授業の全体的な評価を知ることは永久にできない。日本の大学では、学生たちが自主的に科目や教師への評価をネット上や冊子にまとめている例もある。だが、そこではしばしば、その科目が「ラクタン(楽に単位が取れる)」科目か、先生の「お話」が面白いか、といった点に関心が集中する。これは、すでに説明した授業評価とは著しく異なる。

要はバランスが重要なのだが、少なくとも現状では、日本の大学がアメリカで普及している学生による授業評価から学ぶべきことは大きい。第一に、それは教員一人ひとりの授業改善を、記述式アンケートよりもはるかに実質的にもたらす。ハーバードで教員たちと議論したときに聞いた逸話がいくつもある。たとえばある先生は、ハーバードで授業を始めた年の学生たちの評価は芳しくなく、平均を大きく下回っていた。そのことが本人を奮起させ、数年後には彼の授業が学内でもトップレベルの人気科目になっていたという話。実際、私自身、入念に準備したつもりの講義に対する学生たちの評価点が期待したよりも低かった。これは内心、結構ショックで、やはり私の英語のひどい発音や語彙の貧困さの限界が出たと自分では受けとめたが、悔しさは残る。だからもしもう一度、アメリカの大学で講義を担当する機会があれば、少なくとも必死で自己流の英語をもうちょっとマシなレベルのものにしたいと決意している。

第二に、より重要な授業評価の効能は、それが大学における教育の決定的な重要性を可視化させることだ。一般に、大学教師の研究業績は比較的明瞭な規準で審査される。だから若手研究者は自分の研究業績を積むことに必死になる。しかし教育は、研究よりもはるかに指標化が困難で、優れた授業をしても、なかなか未来のキャリアに結びつかない。だが実は、研究も教育も重要なのは量より質である。良い授業をするには、良い論文や本を書くのと同様、多大な労力と能力が必要だ。世界中の若手研究者がキャリアを求めて競争している今日、教育の質が可視化されなければ、誰しも可視化されやすい研究にばかり注力していくことになる。これは、長期的に見て不幸なことだ。だから学生による授業評価は、その数多の弊害にもかかわらず、力のある研究者が教育にも大きな労力を割く体制を作るのに不可欠の条件なのである。

第4章
性と銃のトライアングル

ワインスタイン効果とは何か

第75回ゴールデングローブ賞授賞式には、セクハラ行為への抗議や被害女性との連帯を示すため，多くの女優が黒いドレスで出席した．メリル・ストリープ，ナタリー・ポートマン，タラナ・バーク，ミッシェル・ウィリアムズ，ジェシカ・チャスティンら(2018年1月7日，アメリカ・カリフォルニア州ロサンゼルス，Shutterstock/アフロ)

❖ハリウッド発、ハラスメント激震

二〇一七年の秋以来、メディアから毎日のように流されるのは、第1章で論じたロシア疑惑か、そうでなければセクハラと銃乱射の報道ばかりである。つまり〈嘘〉と〈性〉と〈銃〉の三点が形作る地平の上で、トランプのアメリカは揺れている。大学内の静かに流れる日々のすぐ向こうでは、世界の中心に発する「末世」としか言いようのない崩壊が貌《かお》を覗かせている。

ロシア疑惑がトランプ大統領その人をプーチン・ロシア大統領に重ねるのに対し、銃乱射はラスベガスのコンサート会場からフロリダの高校まで各地で生じてきた。そしてセクハラ問題は、ハリウッドを震源地として津波のように全米に広がっていった。実際、昨秋以来、大多数のメディアが憑かれたようにこの国の〈性〉について語りだしたのだ。女性の社会進出から結婚やセックスに対する考え方まで世界の最先端を走ってきたはずのアメリカで、権力を持った男たちによる劣位にある女たちへの露骨なセクシュアル・ハラスメントが驚くほど深く蔓延していた。そのことが次々に明かされ、アメリカ人自身がショックを受けているのである。

この衝撃の最初の震源は、長くハリウッドに君臨してきた大物プロデューサー、ハーヴェイ・ワインスタインの長年にわたる行状である。彼は、過去三〇年間、自分の映画に関係する数多くの女優や女性社員に実に悪質なセクハラ行為を重ねていた。その言語道断の行状が、スクープ記事と被害に遭った女性たちのカミングアウトにより次々と明るみに出され、アメリカ社会全体がそのあまりの酷さに騒然となっていったのである。

ワインスタインは一九八〇年代以降のハリウッドで映画製作の新しい流れを生んだ中心人物である。彼が弟と設立したミラマックス社は、インディーズをジャンルとして確立し、『セックスと嘘とビデオテープ』(一九八九年)、『クライング・ゲーム』(一九九二年)、『イングリッシュ・ペイシェント』(一九九六年)、『グッド・ウィル・ハンティング　旅立ち』(一九九七年)、『恋におちたシェイクスピア』(一九九八年)、『シカゴ』(二〇〇二年)等々、アカデミー賞受賞作を含む傑作を目覚ましいスピードで生み出して他に並ぶ者のない地位を築き上げた。圧倒的な勢いでヒット作を連発したことが、彼の地位を不動のものにした。一九八〇年代から二〇〇五年までに同社の作品は二四九ものアカデミー賞ノミネートを獲得したのだから華々しい。九〇年代、同社はハリウッドで娯楽映画以上の何かを目指す者の憧れの的だった。

この流れの中心にいたワインスタインが、ハリウッドの頂点へと駆け上がる裏で長年にわたり多くの女性たちへの悪質なハラスメント行為を重ねていたことが、「ニューヨーク・タイムズ」紙と『ニューヨーカー』誌の報道で白日の下に晒されていったのである。最初のスクープは二〇一七年一〇月五日の「ニューヨーク・タイムズ」紙で、内容は丹念な調査報道に基づいた詳細なものだった。記事には何人もの著名な女優たちの証言が登場するが、同時にかつてワインスタインの会社で働いていた女性社員の証言も集められている。なかでも、ローレン・オコナーという女性が何人もの被害に遭った女性たちから聞いた内容をまとめたメモが重要な役割を果たしていった。彼女はこのメモを二〇一五年にまとめ、「女性たちに有害な環境」を同社幹部に忠告したが、結局、幹部はワインスタインとの激突を怖れ、疑惑に気づきながらも内部調査の必要はないとの結論を出した。彼女には示談で話をつけて退社させることで終わり、ワインスタインの行状が改まることはなかったのである。

彼のセクハラには一定のパターンがあった。ビジネスの相談と思わせて女優をホテルの部屋に呼び出し、二人になるとバスローブだけか、ほとんど全裸に近い姿で現れて、数々の性的な要求をするのだった。そして、彼女たちが要求を受け入れればハリウッドでのキャリアを約束してやると誘う。彼は「言うことを聞かないと後悔するぞ」「言う通りにした女優たちの成功を知っているだろ」と若い女優を脅し、自分の欲望を満たしてきたのである。彼が立場の著しい差を利用していたことは明らかで、被害に遭ったある女性は、「自分は当時二八歳で、この業界でキャリアを築こうとしていた。ワインスタインは六四歳、世界的に有名で、ここは彼の会社だった。つまり力の差は、私がゼロで、彼は一〇」と語った。彼女たちにとって、ハリウッドで女優として名声を得ることは一生を賭けた夢だった。ワインスタインは、その実現を自分の性的欲望を満足させる餌に使い続けたのである(Jodi Kantor, and Megan Twohey, "Harvey Weinstein Paid Off Sexual Harassment Accusers for Decades", *New York Times*, Oct. 5, 2017)。

当然、様々な訴えがやがて生じるが、ワインスタインはそれらを金の力で握りつぶしてきた。周到にも、彼の会社は社員に秘密保持の義務を課しており、同社の社会的な評判を傷つけるような発言は禁じられていた。内部告発がしにくい環境である。しかもワインスタインの行為が悪質なのは、自分を拒絶した女優を映画界から排除する画策までし、それは彼の権勢からある程度成功もしていたのである。たとえばハーバード大学東アジア文明学部出身で、一九九五年にウディ・アレン監督の『誘惑のアフロディーテ』でアカデミー助演女優賞を獲得したミラ・ソルヴィノは、ワインスタインに二度も迫られたのを拒絶し、そのことをミラマックス社の女性社員に相談したのが通報されて逆に恨みを買った。その後は、陰湿なやり口で大スターへの道を閉ざされた可能性がある。ワインスタインは、ソルヴィノには「散々な目に遭ったので起用しないほうがいい」という助言を映画の製作者たちに与え、彼女にいい役が廻ってくるのを妨害していたとの証言が出た。彼は女性社員で要求を拒んだ者に対しても、問題なのは彼女たちの方だと思わせてしまう心理操作を試みていた。姑息かつ下劣である。

明らかになった事実を総合すると、ワインスタインが取り憑かれていたのは、性欲以上に他者を奴隷化する権力への強迫的な固執だったように思えてくる。彼はヒットが見込まれる映画の配役やアカデミー賞審査に影響を与え、性的に女優たちを奴隷化し、それが失敗すると彼女たちを周縁化させることで影響を与え続けた。要するに、世界に欲望の主体は自分しかおらず、他者は性欲においても、名声においても、常に自分の欲望を満たす道具でしかない。これは俳優という職業の可能性を根本的に貶める態度で、なぜこのような人物が次々に傑作をプロデュースできたのか不思議である。少なくとも彼は、ミラマックス社を躍進させた『セックスと嘘とビデオテープ』の顚末とは正反対の道をたどっている。

しかもワインスタインは、表向きは女性の権利を主張する側に立ち、トランプ政権に抗議する二〇一七年一月のウィメンズ・マーチにも参加していた。ハリウッドで女性監督にチャンスが与えられない現状を変えるために南カリフォルニア大学に寄附もしていた。彼は強力な民主党の支持者で、ヒラリー・クリントン陣営の資金集めを手伝い、オバマ前大統領の娘を彼の会社のインターンとして受け入れていた。二〇一五年、ちょうどオコナーによる内部告発メモがまとめられたのと同じ年、彼の会社は、大学キャンパスでのセクシュアル・ハラスメントを題材にした『ハンティング・グラウンド』というドキュメンタリー映画まで配給している。

配給する映画ではセクハラ批判を扱っていた当の本人が、その裏で数多くの女性たちの人生を踏みにじってきたわけだ。報道で裏側の事実が明るみに出て、彼が創り出してきた作品世界や表向きの発言と、その背後でしていた行為の間のあまりに大きなギャップに世界が唖然とし、ハリウッドに激震が走った。

結局、あっという間にワインスタインは頂点からどん底へと転げ落ち、自分が設立したワインスタイン・カンパニーの会長職を解雇され、米英の映画芸術アカデミーからも追放された。マクロン仏大統領も、一度は彼に与えたレジオンドヌール勲章を剥奪すると発表した。追い打ちをかけるように、ワインスタインの会社が製作していた映画やテレビドラマは次々にキャンセルされ、ついに会社は倒産する。彼がしてきたことの酷さに、ハリウッドでもはや擁護者はいない。むしろハリウッドは、彼を徹底排除することで、自らの延命の道を探っているように見える。現在、人々の関心はこれで本当にハリウッドが変わるのかに向かっている。

たしかにこの事件を契機として、ハリウッドは男性監督や男性プロデューサーによるセクハラにより注意深くなるだろう。女性監督や女性プロデューサーの割合が増えれば、職場の人間関係全体が変化するかもしれない。そうした楽観論がある一方、ハリウッドを舞台に巨額の資金が動き、桁外れの金持ちのまわりに多数の映画人や俳優志望者が群がる構図は変化しないのだから、第二、第三のワインスタインが生まれる余地は残るとの悲観論もある。少なくとも、二〇一八年一月のゴールデングローブ賞授賞式で女性たちが揃って黒いドレスで出席したように、あるいは女優たちが全米にセクハラ被害者支援の基金設立を呼びかけたように、アメリカの映画産業で働く女たちの連帯はますます強まっていくだろう。

❖ワインスタイン効果

振り返れば、ワインスタイン問題が露呈する直前、その先駆けとなる動きも起きていた。二〇一六年夏、FOXニュースのCEOだったロジャー・エイルズが元キャスターのグレッチェン・カールソンからセクハラと不当解雇で訴訟を起こされている。この訴訟が契機となり、エイルズは過去のセクハラ行為について複数の女性から訴えられ、CEO辞職に追い込まれた。同じ頃、同ニュースの看板司会者で、超保守派で知られるビル・オライリーも、女性たちにセクハラを重ね、FOXニュースが女性たちに示談金を払っていたことが発覚。番組の広告主たちが手を引くなかでオライリーは降板を余儀なくされた。これらはワインスタイン事件と直接の関係はないが、「ニューヨーク・タイムズ」紙や『ニューヨーカー』誌がワインスタインの調査を水面下で進めていく促進要因になったと想像される。ワインスタインの周辺からは、エイルズやオライリーよりもさらに大きなスキャンダルの臭いがしていたわけだ。

とはいえ、ワインスタイン報道は、溜まりに溜まった水で堰が決壊して大洪水となるその決壊そのものだった。ハリウッドでのワインスタインの存在の大きさとセクハラ内容の酷さ、そして期間の長さが大きな衝撃となり、被害を受けた女性たちが次々に名乗りを上げていくなかで、実は第二、第三のワインスタインがいることに人々は気づいていった。

ほどなくハリウッドの内外で、広く名が知られ、地位のある男たちが次々に告発されていったのである。そうした男たちには、俳優・脚本家・監督として活動してきたケヴィン・スペイシー、コメディアンのルイ・C・K、監督のブレット・ラトナー、アンディ・シグナー、ジョン・ラセター、誰もが知るオリバー・ストーン、脚本家のジェームズ・トバック、マーク・シュワン、マレー・ミラー、マックス・ランディス、俳優のジェレミー・ピヴェン、アンディ・ディック、ダニー・マスターソン、これも大物のダスティン・ホフマン、リチャード・ドレイファス、ジェフリー・タンバー、ベン・ヴェリーン、司会者のライアン・シークレスト、歌手のニック・カーター、指揮者のジェームズ・レヴァイン、シャルル・デュトワ、アマゾン・スタジオ社長(当時)のロイ・プライス等、一〇〇人を超える著名人が含まれていた。

これらの人物は、問題が発生するや次々に番組を降板させられたり、製作中の作品がキャンセルされたり、辞職に追い込まれたりしていった。このリストのなかでもトバックの行状はひどく悪質で、過去四〇年間、三八人以上の女性をオーディションだと言って呼び出して問題の行為を重ねていたらしい。これは情状酌量の余地がない。しかし告発内容や程度は様々で、ワインスタイン報道がなければ明るみに出なかったであろうものや、セクハラよりもパワハラに近く、その侵犯の境界線が曖昧なものも含まれる。ワインスタイン事件の効果として、元上司や組織の要職にあった男たちの問題のある過去を片端から告発する動きが広がった。

この動きはハリウッドを越えても広がっていく。メトロポリタン歌劇場に長年君臨した指揮者ジェームズ・レヴァインも解雇された。ジャーナリズムでも、告発はメディアでよく知られていた多くの有名人の地位を失わせた。たとえば、CBSのニュースキャスターとして活躍していたチャーリー・ローズ、ABCやMSNBCの第一線で仕事をしてきたマーク・ハルペリン、NBCの著名アンカーだったマット・ラウアーなどが告発を受けて辞職に追い込まれた。

政界でも、ロイ・ムーアのスキャンダルは第2章で触れたが、民主党の人気者だったアル・フランケンが上院議員辞職に追い込まれた。さらに八八歳(当時)になる民主党下院重鎮でアフリカ系アメリカ人のジョン・コニャーズも告発を受けて辞職した。さらに、すでに九三歳(当時)になるジョージ・H・W・ブッシュ元大統領にも、車椅子に乗る彼に体を触られたことがセクハラ被害だとの告発がなされた。

政治的立場はともかく、セクハラという点ではトランプ現大統領とビル・クリントン元大統領は同類かもしれないのだが、八十代、九十代の老いた政治家たちをアメリカ社会はなぜそこまで糾弾するのだろうか。明らかに最も疑わしい人物である現職大統領を除き、実績もあれば評価も高かったはずのジャーナリストや政治家たちも次々にセクハラの告発で倒れていった。自らもハラスメント疑惑を以前に指弾されたウディ・アレンが危惧したように、ここまで来るとセクハラ批判は一種の魔女狩り的な様相を呈していないとも言い切れない。

さらに、ワインスタイン事件の影響は海を越えて世界にも広がった。イギリスでは、左右を問わず多くの政治家のセクハラまがいの行為への告発が広がり、ついに防衛大臣だったマイケル・ファロンやウェールズ担当大臣だったカール・サーガントが辞任するに至った。サーガントの場合、告発のあった四日後に自殺する。カナダでは、ケベック州を代表するお笑いのテレビ番組で知られる「Just for Laughs」の演出家のジルバート・ロゾンが告発を受けて職を辞した。俳優のアルバート・シュルツは、彼が芸術監督をしていた劇場の職を辞した。

オーストラリアでは、オーストラリア映画テレビ芸術アカデミーの会長をしていたジェフリー・ラッシュが告発を受け、本人は告発内容を否定していたが職を辞した。やはり複数の女性から告発されたテレビ・パーソナリティのドン・バークは、「ハーヴェイ・ワインスタイン戦記は、今や魔女狩りの物語を紡ぎ始めている」と一連の流れを批判した。他方、ニュージーランドでも、俳優のレネ・ナイファフが個人レッスンでの六人の女性に対する行為で告発され、一年間の自宅謹慎を命じられた。同様のテレビ界や映画界の有名人に対する告発は、英語圏を中心に世界各地に爆発的に広がった。多くの場合、本人が認めようが認めまいが、告発された人物は、彼が就いていた要職や番組の担当から降板せざるを得なくなっていった。

ワインスタイン事件を契機として世界大の規模で生じていったこれらの出来事は、すでに「ワインスタイン効果(Weinstein Effect)」として知られている。ワインスタイン効果とは、性的なふるまいに問題がある有名な、ないしは権力を行使できる立場の男性を、多数の主に女性が糾弾していく世界的な流れのことを指す。ワインスタインは、おのれが主人となって他人に影響力を及ぼすことに病的なまでに固執していたのだが、その恥ずべき行為が明るみに出ることで、彼の行為はそれを告発する世界大の影響を実際に生んでいったのだ。

この「ワインスタイン的なるもの」への糾弾の爆発的拡大を推進したのは、「#MeToo」ムーブメントと呼ばれるインターネット上での動きだった。もともと「MeToo」は、女性人権活動家のタラナ・バークが二〇〇六年頃からアメリカ社会に広がる性的虐待への関心を高めるための言葉として使い始めたものだったが、ワインスタイン事件が衝撃を生むなかで、女優で歌手でユニセフの活動家でもあるアリッサ・ミラノが「ニューヨーク・タイムズ」紙の記事から一〇日後、彼女のツイッターで、この「MeToo」にハッシュタグ#をつけて、女性たちがそれぞれのセクハラ経験をネット上に投稿するよう呼びかけたことで一気に浸透した。

二〇一七年一〇月一五日、ミラノが呼びかけたその日には、彼女のツイートは二〇万件以上のフォロワーを生み、翌日にその数は五〇万件に達した。フェイスブックでは、たった一日で四七〇万人以上の人が「#MeToo」のハッシュタグを使い始めたという。まさに爆発的に広がったわけである。反響のなかにはいくつもの具体的なハラスメント経験の告白があり、それらが共有化され大きな力になっていったのだ。

ハリウッドからジャーナリズム、そして政治家たちへと批判の矛先が広がっていったワインスタイン効果は、「#MeToo」ムーブメントによってネット上に共通のプラットフォームが構築されることで、アメリカから世界へ、領域的にもいわゆる文化や政治にとどまらない広範な組織で既存の性的な権力関係を問い直す運動へと発展していった。

実際、二〇一七年末以降で衝撃を走らせたもう一つのスキャンダルは、アメリカの女子体操選手たちに対してなされていた長年のセクハラ行為だった。オリンピック体操選手団の医師を務めてきたラリー・ナサールが、長年にわたり女子選手たちを治療と称して性的に虐待してきたとの告発が、「#MeToo」ムーブメントの広がりで一五〇人もの女子選手たちからなされていったのだ。結局、彼は未成年者への性的虐待の罪で刑事裁判にかけられ、最低四〇年の禁固刑が言い渡された。他方、キリスト教会では、聖職者の女性たちが教会内で起きている性的虐待を止めるため、「#ChurchToo」のハッシュタグを用いるようになった。米軍内でも、絶えない男性軍人によるセクハラ行為を明るみに出すために、女性軍人により「#MeTooMilitaryStandDown」というハッシュタグが提案されている。

ミラノは当初、セクハラ被害は多くの女性の共通経験であるのに、それが分断されている状況を変える必要があると考えたという。ソーシャルメディアにはその力があり、ハッシュタグで共通のプラットフォームを構築することができる。タイミングといい手法といい、ネットの可能性を的確に理解しての動きだが、彼女が有名女優であり運動家の経験も積んでいたことも影響した。ミラノがこの二つの顔を持ち始めるのはエイズ撲滅運動への関与からだが、その後もアフリカやインドの貧困地帯の保健医療の改善に関与してきた。そうした活動歴を背景に、ワインスタイン事件で露呈した男性中心主義に対し、女たちが連帯するよう呼びかけたのだ。

そして、彼女がそう考えた同じ瞬間に、全米各地に同じような思いを抱いていた女性たちが膨大にいたのである。ワインスタインのハラスメントは、権力や金との癒着といい、ハリウッドという舞台といい、彼の獰猛なイメージといい、分散的に隠蔽されてきた問題を一挙に結びつけ、公共の議論の場に浮上させる格好の触媒だった。ミラノ自身の有名性とソーシャルメディアの結びつきも、そうした公共圏を浮上させる必要にして十分な条件だったといえる。

❖〈性〉を語り続けるアメリカ

しかし、ここで立ち止まって考えてみたい。世界を覆った一連の反セクハラの波で、何が新しい動きで、何が変わらぬ構造なのか。ハリウッドでは力ある男性による女性たちへのセクハラ行為は何十年にわたって続いてきた。それは新しい現象ではない。そして、それらの行為を社会が熱心に問いただすのも、アメリカ社会では久しく繰り返されてきたことである。

この点で、アメリカ社会では〈性〉と〈暴力〉が一貫して焦点化されてきたと論じる鈴木透の議論が参考になる。それは、「性をめぐる問題は、他者との関係をどう築くか、また暴力の問題は、紛争をどう解決するかという、ともに人為的な統合や理念先行の国家というアメリカが背負った宿命と深く関係している」からだ。すなわち「アメリカは、国家も国民も未完成な状態から出発した、いわば人為的な集団統合を宿命づけられた実験国家」であり、「領土拡張や移民の流入によって巨大化し続けたアメリカは、いつ達成されるかわからない、完全なる統合の実現という遠大な目標と、自由と平等という崇高な理念の実現に向けて試行錯誤を続けて」きた。しかし、異なる背景の人々が集まるなかで「自己と他者との間にどのような関係を築くべきか」という、絶えず生じてくる問いに対し、アメリカ社会は今も答えを見いだせていないのである(『性と暴力のアメリカ』中公新書、二〇〇六年)。

鈴木が論じるように、人為的な集団統合という宿命を背負う理念先行型のアメリカ社会には、もともと「性や暴力が重要な社会的争点となりやすい構造」がある。なぜならば受け継いだ慣習的規範にではなく、自分たちが意識的に構築する規範に社会関係を従わせようとする傾向を強く帯びるからだ。しかも、このような基盤(のなさ)に加え、アメリカは「厳格な性道徳を掲げたピューリタンの植民地に重要な起源を持ち、国民一人ひとりが武器を取って武装闘争による革命を経て誕生した国」である。この歴史的背景が、アメリカ社会のなかで〈性〉と〈暴力〉が他のより伝統主義的な国々以上に繰り返し焦点化する根底にあると鈴木は主張している。

ここでの要目は、ピューリタニズムと〈性〉の間の両義的な関係である。すなわち、アメリカの国家成立期を特徴づけていたピューリタン的な性道徳と、二〇世紀後半のアメリカで前景化する性解放的な文化には、見かけ上の違いとは逆に、実は「共通の精神」が宿されている。つまりアメリカ社会には、〈性〉の問題を直視し、公共的な場で言説化しようとする意志が一貫して存在してきた。この意志は、禁欲的にも、解放的にも向かい得るものなのだ。

実際、この両面性を体現していた草創期の例は、アメリカ建国期を代表する一人、ベンジャミン・フランクリンである。マックス・ウェーバーが『プロテスタンティズムの倫理と資本主義の精神』の導入部で示したように、勤勉と合理主義を貫き、怠惰や放漫を嫌ったフランクリンの思想と人生は、プロテスタント的禁欲倫理と近代資本主義の精神を結ぶ繋ぎ目である。しかし同時に、そのフランクリンの生活が性的な意味で禁欲的だったわけではなく、彼には婚外子もおり、「婚姻関係以外の性交渉は慎むのが理想だが、その衝動を理性の力で克服しようとしても限界がある」と考えていた。

重要なのは、こう書いたからといって、フランクリンが表の顔と裏の顔を使い分けていたのではないことである。ウェーバーが論じたように、ピューリタニズムは神のまなざしの下での「禁欲」の倫理を徹底化し、やがてそれを近代的な資本蓄積に結びつけた。しかし、そこでは〈性〉が思考の外に排除されていたのではない。むしろ事態は逆で、〈性〉は思考の中心に焦点化され、婚姻関係の内部に閉じ込められたのである。だからこそその〈性〉が、むしろ性欲とその対象との合理的な関係という観点から再把握されることも可能だったわけだ。実際、鈴木によれば、フランクリンは「抑えがたい情欲を解決する最善の道は結婚だが、それが不可能な場合には、年上の女性を愛人にするのがよい……妊娠の可能性が少ないし、情欲を満たすことが目的なら、どうせ暗い場所で行為に及ぶのだから、あまり若さにこだわる必要はない」と書いていたという(鈴木、前掲書)。彼の立場からすれば、妻以外の女性との性行為は、「抑えがたい情欲を解決する」合理的な手段として正当化されるのである。

しかしその後、一九世紀のアメリカ社会は男女の行動に節度を求め、性を婚姻関係内に限定する気風を定着させていく。この倫理観が、勃興する中産階級の市民道徳と強い親和関係を有していたことは疑いない。だが、これはあくまで建前上の話で、実際に一九世紀の男たちがこうした倫理を厳格に守っていたわけではもちろんなかった。売買春の横行にしてもポルノグラフィーにしても、逸脱は日常茶飯事だった。それでも一九世紀後半までには、夫婦を平等な性関係を結ぶ閉じた社会単位とする考え方が一般化していったのである。

こうした中産階級的な道徳の一般化は、多人種国家アメリカでの人種間の混淆に対する恐怖心とも重なり合っていった。一九世紀半ば以降、白人男性と黒人女性、それ以上に黒人男性と白人女性の混淆に対する恐怖心が、社会の無意識を動かしてもいくのである。逆に言えば、このような恐怖心は独立革命期にはまだ支配的なものではなかったとも考えられる。事実、建国の父トーマス・ジェファソンは、混血の黒人奴隷の女性との間に五人の子をもうけていた。主人と奴隷の間の境界侵犯的な性関係――。フランクリンといい、ジェファソンといい、あるいはハミルトンといい、建国の父たちは決して性的に品行方正だったわけではない。

さて、一九世紀末までにアメリカ社会に広く浸透し、今日でも理念的にはその支配的な地位が保たれている「家庭」を第一義とする市民倫理は、一方では性的な意味で男女間の平等を強化し、他方では女性を家庭内の家事労働(シャドウワーク)に従属させていくという両面性を持っていた。逸脱は日常茶飯事であったにせよ、規範的な価値としては、夫が妻以外の女性と性的な関係を持つのは咎められるべき行為だった。もちろん、逆もまた真なりなのだが、そのような一対一の関係が社会規範として浸透することで、建国の父たちが前提にしていたのとは異なる夫婦間の均衡が成立した。

他方、やがて第二波のフェミニズムによって徹底的に批判されていくように、それはもちろん女たちを家庭に縛りつけ、無償の家事労働に隷属させていく資本主義の狡猾な戦略でもあった。だから二〇世紀を通じ、資本主義の高度化と消費社会的状況の広がりのなかで、当然ながらこの規範の限界も明らかになってくる。女たちを家庭のシャドウワークから外に連れ出さなくてはならない。男女平等を戦略的獲得目標とした第一波のフェミニズムとは異なり、第二波のフェミニズムが標榜したのは女たちの家父長制からの解放だった。

二〇世紀半ば以降のアメリカ社会での女たちの歴史は、この夫婦中心主義的な性関係からの解放の歴史でもあった。「家庭」という規範は、それが背後に抱える家父長制的権力の抑圧性において乗り越えられるべきものと考えられた。この認識が、間違っていたわけではない。しかし、その先にはある落とし穴が待ち受けていた。それまでの中産階級的な近代家族モデルからの解放が本格的に進んだのは一九六〇年代以降だが、それはアメリカ社会が徹底したメディア消費社会に変容していく時代でもあった。「アメリカン・ファミリー」の親密圏から外に飛び出した女たちを待ち受けていたのは、資本主義市場による、より直接的な〈性〉の商品化だった。言うまでもなく、ハリウッドはその最大の舞台である。

鈴木はここに、ある種の先祖返りがあったとする。「自由の名において女性の尊厳を汚すような性の商品化は、かつて黒人奴隷の女性をめぐって、白人の主人が自由きままに性的虐待を行った構図を反復する面を持っている。いやむしろ、性解放が社会の表舞台で認知されてしまっただけに、何の気兼ねなく女性の尊厳を弄《もてあそ》ぶことは、かつてのように奴隷を持つ白人の主人だけの特権ではなくなった」(同右)。

一八世紀アメリカの建国の父たちの奔放な性関係と、二一世紀アメリカでのハリウッドの有名人男性の性的に問題のある行為を重ねるのは、あまりに大雑把すぎよう。しかし、その中間に長らくあった一九世紀の中産階級的家族規範が成立する以前と、それが緩み、崩壊しかけた後の比較という歴史的文脈のなかで考えるならば、一八世紀のニューイングランドの男たちと二一世紀のハリウッドの男たちは、いずれも野蛮な仕方で性的他者を制圧し続けようとする点で共通している。一方にあるのは荒野、他方にあるのは市場である。

❖〈銃〉を持ち続けるアメリカ

アメリカは、一方では「自由」や「民主主義」を掲げ、無数の対話を通じて現実を理念に近づけようとし続ける社会だが、他方では何かを制圧しようとし続けてきた社会でもある。この「制圧」は、初期にはアメリカという大地の制圧であり、先住民の制圧であった。それはやがて様々な自然のエネルギーの制圧ともなり、また荒野を彷徨《さまよ》うならず者たちの制圧ともなった。さらにそれは内なる他者、アフリカ系アメリカ人やアジア系移民、異教徒の制圧ともなってきた。それら全体を通じ、他者を制圧しようとする意志が一貫して強い。

こうした歴史的文脈で考えるなら、繰り返されるセクハラと各地での銃乱射は、前者が性的な他者との関係の失敗がもたらす暴力、後者が社会自体との関係の失敗がもたらす暴力という点で、共通の起源を持つとは言えまいか。いずれの場合も、過剰に男性中心主義的な自己がもたらす悲劇である。温和な時代には、こうした制圧者としての貌《かお》よりも、自由と民主主義の追求者としてのアメリカが前面に出る。しかしオバマからトランプへの転換が象徴するように、アメリカは何度も自由と民主主義を完成させることに失敗し、むしろ自らの男性性の根幹を他者たちが揺るがしてしまうことを恐怖し、その恐怖を制圧への強い意志へとすり替えてきた。

トランプ政権下、各地で銃乱射が続出し、同時にセクハラ被害が大規模に問題化しているのは偶然の一致だろう。しかしトランプ大統領は、セクハラ同然の言動の常習犯で、全米ライフル協会(NRA)の支持を受け、銃規制に消極的な人物でもある点で、二つの動きを結びつける位置にいる。この象徴的布置のなかで、性的暴力としてのセクハラと物理的暴力としての銃の乱射の結びつきに一定の蓋然性もある。

二〇一七年秋から一八年春にかけて起きたいくつもの銃乱射事件は、すでに大きく報道されている。遡れば、この種の乱射事件は二〇〇〇年前後から全米各地で起き続けており、最初に大きな衝撃を与えたのは一九九九年四月、コロラド州コロンバイン高校で起きた銃乱射事件だった。マイケル・ムーアがドキュメンタリー映画『ボウリング・フォー・コロンバイン』(二〇〇二年)で鋭く描き出したこの事件では、犯人の高校生二人が四五分間に一三人を殺害し、自分たちも自殺した。その後、二〇〇七年四月には、ヴァージニア工科大学で男子学生が二時間余で三三人を射殺するというさらにショッキングな事件が起きた。この時も、犯人は犯行後に自殺している。その後も銃乱射事件は跡を絶たず、むしろその頻度や規模は増大していった。

そして二〇一二年以降、銃乱射事件が一年に数回起きることも珍しくなくなった。二〇一二年七月、コロラド州の映画館で二四歳の男が映画の銃撃シーンにあわせて銃を乱射し、一二人が死亡する事件が起きた。同年一二月には、コネティカット州の小学校で二〇歳の男が一〇〇発以上の銃弾を乱射して児童や教職員二六人を殺害した。翌一三年九月には、ワシントンの海軍施設で海軍勤務歴のある男が銃を乱射し一二人が死亡した。さらに一五年六月には、サウスカロライナ州の教会で白人の男が銃を乱射して九人の黒人男女を殺す。同年一二月には、カリフォルニア州の福祉施設の銃乱射で一四人が死亡した。一六年六月になると、フロリダ州のナイトクラブで男が自動小銃を乱射、四九人を殺害する。一七年、フロリダ州の空港やテキサス州の民家で乱射が続いた後、一〇月にラスベガスで六四歳の男が高層ホテルの三二階の部屋から野外コンサート会場に銃を乱射、五九人が死亡する衝撃的な事件が起きた。男は二三丁の銃を部屋に持ち込んでおり、さらに自宅には一九丁の銃と数千発の銃弾があった。翌一一月にも、テキサス州の教会で礼拝中に男が乱射し、二六人が死亡した。そして二〇一八年二月のフロリダ州の高校での乱射である。犯人は一九歳の元生徒で、一七人が殺害されるまでに六分しか経っていない。9・11の後、ジョージ・ブッシュ大統領は「テロとの戦い」を叫んで無理筋のイラク攻撃を強行したが、テロはむしろアメリカ社会の内部にこそ深く根を張っている。

これらの乱射事件には、いくつかの明瞭な特徴がある。まず、犯人はほぼ全員が男性である。第二に、乱射場所には学校、教会、映画館やナイトクラブ、コンサート会場など公共空間が使われる。第三に、二〇一二年以降、銃乱射は頻発化し、しかも多数の殺害に要する時間が短縮されている。これには自動連射装置などの技術変化が影響している。最後に、銃乱射事件は地域的にはカリフォルニア、ネヴァダ、コロラド、テキサス、フロリダとアメリカの西南部から南部にかけてのベルト地帯に多く発生する傾向がある。もちろん、ここに階級間や人種間の軋轢などの諸要因が作用している可能性がある。

これらが示唆するのは、すでにマイケル・ムーアが一六年以上前に達していたのとほぼ同じ結論である。米国内の銃器は現在、民間向けだけでも三億一〇〇〇万丁に上る。人口とほぼ同数である。これほど人々が銃を持ち、また多くの人がその銃で毎年死んでいる国は他にない。

この異様さの根底には、アメリカの白人社会が虐殺や虐待を重ねてきた先住民やアフリカ系アメリカ人、様々な他者に対して抱く怖れがある。他者への恐怖心は、強固なまでの征服への固執に結びつく。パールハーバーから9・11まで、襲われることへの恐怖は、そうした事態が起きた際の徹底した反応となって現れる。問答無用、悪い奴は徹底的に打ちのめすのである。

だから9・11以降、星条旗とともに銃の購入が全米で急増したのは、アメリカ社会の根源的な他者不安が事件で増幅されたからである。そしてこの不安の銃による解決を正当化してきたのは、合衆国憲法修正第二条であった。ちょうど日本国憲法第九条の対極に位置するかに見えるこの条項は、市民一人ひとりの武器保持こそが、専制から市民の自由を守る人権と規定している、と銃規制反対派は解釈してきた。この意味で、松尾文夫が書いたように、この国では「自由と平等の民主主義の理念そのものに、武力行使というDNAが組み込まれている」のだ（『銃を持つ民主主義』小学館、二〇〇四年）。

❖性と銃のトライアングル

しかし、アメリカが武力行使のDNAを長く内面化してきたとしても、それはいつでも前面化していたわけではない。この国で銃乱射が頻発化するのは二〇〇〇年前後からである。なぜ、

「銃を所持する社会」は「銃を乱射する社会」になっていったのだろうか。

この点で、銃規制への最大の反対勢力であるＮＲＡの発展史は示唆に富む。ＮＲＡは一八七一年に設立された古い団体ではあるが、一九五〇年代までは、圧力団体というよりも射撃などのスポーツ愛好家の団体という性格が強かった。ところが六〇年代、公民権運動の盛り上がりのなかでその最左翼ブラック・パンサーは銃による闘争路線を選択していく。銃所持がアメリカ人民の権利の一部である以上、その人民に含まれる黒人もまたこの権利を有しているとの論理である。この運動が激しく展開されたカリフォルニアでは、彼らに対する反発も大きく、保守派惣領たるロナルド・レーガンの知事時代、銃の所持を規制する法整備に向かった。ＮＲＡも当時は銃規制賛成で、黒人たちが銃を持ち始めることを恐怖していた。しかし黒人運動が退潮し、その武装闘争路線が消えていくと、今度はレーガンもＮＲＡも共に一転して銃規制緩和の路線に転換するのだ。この一連の展開は、銃規制をめぐる態度と白人男性の他人種に対して自分たちの立場を守ろうとする意識が深く結びついてきたことを示唆する。

そして、この緩和路線が規制論を圧倒していくのがジョージ・ブッシュ時代である。９・11の衝撃は、クリントン時代に活発化しつつあった銃規制論を完全な沈黙に追いやってしまった。人々は、テロから自らの身を守るためにと次々に銃を買い、メーカーは大いに潤った。クリントン時代には、規制派により武器メーカーが銃を過剰に生産することで犯罪を助長しているとの訴訟もなされていたが、二〇〇三年、アメリカ議会は銃器製造・販売業界に対する訴訟を禁止する法律を成立させてしまう(松尾、前掲書)。こうして今や、銃器メーカーは、銃を作り放題となる。二〇〇〇年代から一〇年代にかけて、銃の販売は拡大し、そのことがまたＮＲＡのような圧力団体の力をますます大きくしていった。

二〇一八年、この流れが変わる兆しが出てきている。銃規制に腰が重いトランプ政権や共和党保守派、その背後で今も銃規制に反対し続けるＮＲＡに対する怒りが草の根で結びつき、「#MeToo」に倣った「#BoycottNRA」運動が広がりつつある。この運動が標的としたのは、ＮＲＡに様々な便宜を提供してきた大企業である。たとえば、宅配大手のフェデックス社は、ＮＲＡ会員に配達料の二六％もの割引を実施してきた。そのようなサービスを提供する大企業に対し、ＮＲＡとの関係を断つように迫ったのである。

運動は瞬く間に広がり、反応として航空大手のデルタ航空やユナイテッド航空、レンタカー大手のエンタープライズやハーツ、エイビス、金融大手のファースト・ナショナル・バンク、サイバーセキュリティのシマンテック、生命保険のメットライフ、アメリカン・ナショナル・インシュアランス、ホテル業界ではベストウェスタン・ホテル等々が、これまでＮＲＡ会員に提供してきたサービスを打ち切ると発表した。わずか数週間での出来事である。

ＮＲＡは、これまでこれらの便宜供与とセットで会員数を伸ばし、それを政治的影響力に変えてきた。この消費社会のなかでの経済と政治、暴力の結びつきに「#BoycottNRA」は楔《くさび》を打とうとしている。この動きに、再びアリッサ・ミラノら女優たちも加わり、「#StopNRAmazon」のタグでアマゾンのプライムTVがＮＲＡの広報番組を流すのを止めさせようとしている。もちろん、これらはすぐにはＮＲＡの方針を転換させるに至らないだろう。しかし、それでも銃規制派がＮＲＡを支える経済に照準し、ソーシャルメディアで運動を起こしているのは新しい。そしてこの運動は、先述した〈性〉をめぐる運動と相似の関係にある。

本章の標題である「性と銃のトライアングル」とは、一方では文字通り、二〇一七年秋から二〇一八年にかけてセクハラ問題と銃乱射が起きた場所を結ぶ図形のことを示す。ハリウッド、ラスベガス、フロリダがその頂点である。明らかに、この三角形の頂点にはニューヨークもボストンも含まれていない。その一方で、これらの事件で表面化したアメリカ社会の男性中心主義的な暴力性に抵抗する運動の広がりも、もう一つの図形を形成している。こちらの図形は無数の点が結ばれた網目であり、アメリカ全土に広がるが、とりわけ東部海岸地帯やカリフォルニアなど民主党の強い地域と重なるだろう。

問われるべきは、この二つの図形の間の空白である。それは、一面では「征服するアメリカ」と「対話するアメリカ」の間の空白であり、より一般的には男性中心主義とフェミニズムの間にある空白であろう。しかし他面では、人種間、階級間の矛盾を抱え込み、暴発してしまうアメリカと、そのような矛盾を言葉にして語り、考えていくことができる余裕や距離を持ったアメリカとの間の空白かもしれない。

この二つの図形が浮かび上がらせる中心点がどこにあるかは明白である。一方で、一連の反セクハラ運動が権力と(言語的なものであれ)性的暴力を結ぶ線を問うのなら、その頂点にいるのは紛れもなくトランプ大統領その人だ。他方、NRAや共和党保守派の銃に対する強迫的なまでの固執の根底に、他人種に対する歴史的な恐怖、その裏返しとしての凶暴な人種主義があることはすでに述べた。まさしくそのような潜在的な人種主義を、トランプは巧みに刺激し続けてきた。彼の話術は、アメリカ社会でこれまで公式的な言説からは排除されてきた非公式な差別主義、一方では女性差別、他方では人種差別を比喩的な仕方で刺激し続けているのだ。

彼が刺激し続ける性差別主義や人種主義は、アメリカの歴史の根深い層と繋がっている。ヨーロッパから来たピューリタンから建国の父まで、この国を創り上げていった人々にとって、アメリカの大地は若い処女地(母なる大地ではない)として表象されていた。アメリカを開拓すること、ここに新しい国を創ることは、最初から女性を征服するような行為であり、この倒錯から出発した巨大な国家が、内部に残存させてきた無数の暴力や他者への恐怖が、ハリウッドのセクハラ事件や各地の銃乱射事件の根底にある。だからその克服は、アメリカ社会の深い変革としてしかあり得ない。その主体には、それまで征服される側だった女性たちが加わっているはずだ。そしてそれには、ネット社会の潜勢力が触媒的役割を果たすだろう。

後日談 「#NeverAgain」とワシントン大行進

本章脱稿後に起きた最大の出来事は、二〇一八年二月に銃乱射事件が起きたフロリダの高校の生徒たちによって呼びかけられ、約八〇万人が参加した三月二四日の首都ワシントンでの「私たちの命のための行進(March for Our Lives)」である。銃規制強化を政治家に迫るこの行進には、フロリダの事件に心を痛めた各地の高校生やその親たち、繰り返される銃撃事件に憤る市民、多くの有名人が加わった。ワシントン以外でも全米で銃規制を訴えるデモが行われ、ニューヨークのデモに参加したポール・マッカートニーを含め、動きは大きなうねりとなった。

この大行進で、ワシントンの連邦議会前の大通り一帯はすっかりデモの人々で埋め尽くされた。人々は、「Never Again（二度とごめんだ）」「Enough is Enough（もうたくさんだ）」「Stop NRA」「Shame on You（恥を知れ）」等々のプラカードを掲げ、政治家たちが即時、銃規制強化に向かうよう訴えた。さらに具体的に「Vote Them Out」、すなわちＮＲＡに支援され、銃規制強化に反対する政治家たちを一一月の中間選挙で落選させようとも訴えた。

連邦議会を背に設けられた特設ステージでは、事件のあったダグラス高校の生徒や銃乱射で家族を亡くした遺族の子たちが次々にスピーチをした。私は残念ながら自宅でテレビ中継を見ていたが、ステージに立った高校生たちのスピーチの力に心底圧倒された。なかでもスキンヘッド姿で登場した同校生徒のエマ・ゴンザレスの「沈黙のスピーチ」は、一瞬で世界中の人々の心を揺さぶり、今も揺さぶり続けている。「六分と、およそ二〇秒。たった六分あまりで、一七人の友人が奪われ、一五人が傷つき、そしてダグラス高校の全員、本当に全員が、永遠に変えられてしまった」。そう語り始めた彼女は、犠牲となった生徒の名前を一人ひとり呼び上げた後、突然、口をつぐんだ。長い沈黙――。彼女は涙を流しながらまっすぐ前を見つめ、口をつぐみ続けた。会場に広がる緊迫した静寂。時々、この静寂に耐えられず歓声が上がる。やがて会場から「Never Again」の合唱が起こり、広がった。彼女が再び語り始めたのは、登壇からぴったり六分二〇秒後、銃乱射が続いたのとまったく同じ時間の後だった。

一七歳の高校生の、壮絶なスピーチである。ゴンザレスだけではない。この日、登壇した高校生たちのスピーチは、いずれも感動的なものだった。サマンサ・フェンテスは明るく迫力ある声でスピーチを始め、目の前で撃たれていった同級生の記憶が溢れ出るなかで途中、泣き崩れながらも最後はこの日、生きていれば誕生日を迎えるはずだった友のために「ハッピー・バースデー」を歌った。この行進のためにシカゴから来たマヤ・ミドルトンは、病気の母親のために近くの店で買い物をした際、強盗に眼前に銃を突きつけられた時の恐怖を語った。南カリフォルニアから来たエドナ・チャベズは、高校生だった兄を銃撃で失ったこと、それがいかに人生のトラウマとなっているかを語った。いずれも高校生、そのほとんどは女子高校生たちである。彼女たちのスピーチは、国境を越えて、それを視聴したすべての人の心を打った。

事件からわずか一か月余で、フロリダの高校生たちが全米を巻き込む大行進を組織できたのはなぜだったのか。この劇的展開を決定づけたのは、またもやソーシャルメディアである。銃乱射事件の翌日、ダグラス高校の何人かの生徒が集まり、事件を社会で忘れさせないために何ができるかを話し合った。一人の提案で、「#NeverAgain」をキーワードにネット上で運動が開始された。彼らはダグラス高校の全生徒に翌日、事件と同じ時間に一斉に「#NeverAgain」をツイートするよう呼びかけたのだ。このハッシュタグは一瞬で広まり、五〇万回はシェアされたという。ゴンザレスには卓越した演説の才があり、彼女がフロリダの集会でした熱弁がネットにアップされ、その動画は数百万回視聴された。高校生たちは活動拠点の家で「ラップトップコンピュータに向かった。生徒たちの多くは高校の演劇や放送ジャーナリズムのクラブ活動を通じてお互いを知っており、こうした活動を通じて人前で感情を込めて話す能力を磨いていた」（*Wall Street Journal*, Feb. 26, 2018）。やがて、彼らの活動を資金的に支援する資産家や団体が現れ、さらにウィメンズ・マーチなど大規模な市民運動を組織してきた人々が高校生の支援に乗り出した。こうして運動はたった数週間で全米的なものになった。

このワシントンのデモ行進の最中、トランプ大統領は問題の銃乱射事件があった高校からさほど離れていない自身のゴルフクラブでゴルフを楽しんでいたらしい。何という無神経さであろうか。誠実さや責任感、倫理性からかけ離れたこの大統領を、プロバスケットの強豪サンアントニオ・スパーズの名監督グレッグ・ポポヴィッチは、「臆病者」と罵った。曰く、アメリカ人の多くが「デモを開催した生徒と彼らの行動を誇りに思い、称賛を送ることは間違いない」。他方、乱射事件の後、一旦、銃規制強化対策を発表しておきながら、NRAとの昼食後に平気でそれを覆す大統領は「何という臆病者」であることか。デモの当日、「私たちの大統領がワシントンDCを離れたということは、彼は飽くことのない自身のエゴを満足させること以外、何も興味がない」ことを示している(*Sporting News*, March 25, 2018)。

この両者、つまりワシントンの集会に集まった八〇万人と、同じ時間、フロリダでゴルフを楽しんでいた大統領との亀裂は目も眩むほどに大きい。明らかなのは、トランプがいかに見て見ぬふりをしようと、「#MeToo」から「#NeverAgain」まで、ハッシュタグで結ばれたネット上の運動は、北米大陸全土に広がる無数の市民を横に繋ぎ始めていることである。それは、暴君マクベスを静かにバーナムの森が囲み始めるのに似る。人々は、「トランプ」という明白な「暴君」が日々可視化されることで、再び抵抗のために街頭の政治に集まり始めている。新聞報道によれば、過去二年以内にアメリカ人の五人に一人がデモや集会に参加し、そのうち二割は初めての参加だという。「#MeToo」や「#NeverAgain」の展開が証明してみせたように、ネットから街頭に向かう動きは瞬間的かつ爆発的だ。しかもその多くが若い世代、また女性によって主導されている。「トランプ時代」とは、予測不能の暴君によってアメリカが混乱に陥れられている時代であると同時に、やはり予測不能なスピードで、あらゆる暴力、差別、隠蔽に対して「NO」を発する草の根的な運動が爆発的に広がっている時代でもあるのだ。

第5章
反転したアメリカンドリーム

労働者階級文化のゆくえ

米ABCテレビで2018年から放送された復活版「ロザンヌ」のシーンより。トランプ支持のロザンヌ(後ろ姿)と民主党支持の妹ジャッキー(Nasty WomanのTシャツを着ている)が言い争っているところ(Photofest/アフロ)

❖消えた小包——公共システムの劣化

大失敗だった。渡米を目前に控えた二〇一七年夏、私はアメリカで進めるつもりだった仕事の資料や本約一五〇冊を六箱の小包に分けて近くの郵便局から送った。量が多かったので、つい最も安い船便を選んでしまった。船便は航空便に比べかなり時間がかかることはわかっていた。だが、仕事は生活が整ってから徐々に進めればいいので急いではいなかった。ゆっくり待っていれば荷物は必ず届く——そう思い込んでいた。

だが、私はまもなくこれが浅はかな考えであったことを思い知らされる。数か月後、大学事務室に荷物が届いたというから行ってみると、一箱目はぼろぼろになって到着していた。箱を開けると四〇冊近く入れてあったはずの本が二冊だけになっており、なぜか汚いプラスチックのナイフと黒いビニール袋が入れてあった。私のものではない。二箱目は別の小さな箱に入れ替わっており、中には一〇冊ほどの本が入っていた。これも、もともと四〇冊近い本を入れていたものだ。さらに三箱目では、届いたのは送り状(小包の上に貼る用紙)だけだった。本体の小包はいまだ行方知れずである。そして四箱目は、その送り状すら半年以上が経った今も届いていない。結局、破損はあってもなんとか届いたのは、六箱中二箱だけだった。

研究者にとって本や資料は命である。勝手に日本の常識を世界の常識と思い込み、深く考えずに郵便局から、しかも船便で荷物を送ってしまった私が悪いのだが、それにしても悲惨な結果となり泣くに泣けなかった。ハーバード大学ライシャワー日本研究所のスタッフに助けてもらい郵便局と掛けあったが、窓口はコンピュータシステムに紛失したことを登録しろという。システムに登録すると調査中との返信があり、しばらくして調査したがわからなかったとの返信が来た。どうやら荷物がアメリカの港まで来たことは確かなのだが、そこから先が追えないのだ。それならば責任を取ってくれと言いたいところだが、そんな対応ではまったくなかった。結局は泣き寝入りと言いたいところだが、すべてはコンピュータシステムでのやり取りなので、泣き寝入りしようにも相手が見えない。雲もつかめない話である。

そのままでは諦めきれないので、東大の私の研究室のスタッフに助けてもらって日本の郵便局とも掛けあったが、こちらもラチがあかない。数か月後、郵便局から箱が紛失したことが確かめられたので一定の補償をするからこの用紙に必要事項を埋めて送るようにとの手紙が来た。私はすぐに指定の用紙を書いて送った。しかし、その後は数か月しても何ら音沙汰がない。笑い話のようだが、アメリカ独立革命の契機となったボストン茶会事件よろしく、私は自分の本が入った小包が次々に船から海に投げ捨てられている夢を見た。

おそらく海外生活に慣れた人なら、こういう時は公共の郵便局など使わず、民間の宅配業者を使っただろう。実際、アメリカでこの経験を話すと、何人もからなぜフェデックス(FedEx)を使わなかったのかと不思議がられた。それほどまでに公共郵便局は信用されておらず、郵便で貴重な資料を送ることなど普通はしないのだ。今も私の家のポストには、頻繁に全然違う宛先の郵便が入れられている。当然、同じことが私宛ての郵便でも生じているはずで、今日のアメリカで郵便が宛先に正しく届く確率は、あまり高くないのかもしれない。

この数十年、アメリカでは同様のことがあらゆる分野で起きてきたのではないだろうか。鉄道網が衰退したのは昔のことで、背後に自動車産業の圧力があったのは有名だが、そうして確立したはずの道路システムも今では相当にガタがきている。高速道路が全地方に張りめぐらされる一方で、街中の一般道路はどこもでこぼこで、大きな穴が道に空いていても補修はされない。車を走らせていると、しばしばガタンとタイヤが穴にかかった衝撃で車内が揺れる。ボストンですらこんな状態なのだから、財政難の地方都市の道路事情はもっとひどいだろう。ネット社会が発達する一方で、街々の道路はまるで幌馬車時代に逆戻りしているかのようである。

道路のでこぼこくらいなら車の揺れを我慢すればいいだけの話だが、これが公教育となると話は深刻だ。堤未果の一連のルポによれば、公教育の劣化は、何よりも児童の給食の質に表れてくる。一九六六年に始まった無料－割引給食プログラムは、貧困地域と長時間通学を余儀なくされる地域を対象としていたが、七一年には共働きと貧困家庭生徒の栄養改善を目的に対象が拡大され、七五年にはすべての学校が任意で参加できるようになった。とはいえ、裕福な家庭の子どもはこの制度には頼らないから、給食は貧しい家庭の多い地域のためのものとなる。つまり、平均所得が低い州がこの制度を積極的に活用し、比較的裕福な州では実施率が低い。

もともとこの給食制度の導入は、格差是正の流れのなかで起きていた取り組みだった。しかし八〇年代以降、教育予算がどんどん削減され、「学校側は少ない予算の中でやりくりしようとするため、人件費を削減し、調理器具は老朽化しても買い替えず、メニューはどうしても安価でカロリーが高く、調理の簡単なインスタント食品、ジャンクフードになって」いった（『ルポ　貧困大国アメリカ』岩波新書、二〇〇八年）。今日、アメリカの公立学校の給食メニューは「ジャンクフードのオンパレード」で、ハンバーガーにピザ、フライドチキンといった高カロリー食ばかりである。予算内で飢えさせないことが最優先され、子どもたちの将来の健康のことまで考える余裕がない。その結果として、貧困地域では多数の肥満児が構造的に生み出されることになる。

もちろん、公教育の劣化が表れているのは給食だけではない。同じく深刻なのは教師たちの待遇だ。二〇一八年三月、不当に安い給与や教育予算の削減に抗議し、ウェストヴァージニア州で学校教師たちのストライキが始まり、やがてオクラホマ、ケンタッキー、アリゾナにもその波が広がっている。待遇改善を求める教師たちのストライキは、一九九〇年代から繰り返し起きてきたが、今回は抗議が州を越えて結びつき、長期化の様相を見せていることと、生徒の親や学校側も、教師たちの行動に一定の理解を示していることが異なる。さらに注目されるのは、今回のストライキの広がりが、アメリカのなかでも貧しい州、つまりトランプの支持層が多くいる州と緩やかに重なっていることだ。過去数十年、アメリカの公教育を担う教師たちの待遇は限界まで切り詰められてきた。彼らが今、起こしつつある運動は、第4章で論じた反セクハラや銃規制のうねりとも共振して全米に広がりつつある。

教師の受難は生徒の学びを困難にし、やがてボディブローとなってアメリカの未来を暗いものにする。そんな政策が、レーガンからブッシュ父子に至る共和党政権で継続的に推進されてきたのだ。なかでも問題含みだったのは、二〇〇一年の9・11事件の後、アメリカ全体がナショナリズム一色に染め上げられる状況下でブッシュ政権が打ち出した「落ちこぼれゼロ法(No Child Left Behind Act)」である。これは全国一斉学力テストを義務化し、その結果の責任を教師と学校、州に帰すものだった。テストの成績が上がればその学校への報酬が与えられ、学力向上の目標を達成できなかった場合には、その州の教育予算への補助金が減額される。しかし、アメリカ国内での州による貧富の差は大きく、富裕層の多い州と貧困層の多い州ではそもそもの条件がまったく異なる。一律に目標達成度による予算配分をすれば、富める地域はますます富み、貧しい地域はますます貧しくなるのは容易に予想できた。

前出の堤は、この政策が自動車産業衰退の影響をまともに受けたデトロイトでどんな結果をもたらしたかも論じている。それによれば、「貧困家庭の生徒を多く抱えるデトロイトの公立学校では平均点が上がらず、教師たちが次々に解雇され、学校は廃校になった。公立校がつぶれると、すぐにチャータースクールが建てられる。……（そこでは）高い授業料を払えるだけの経済力と一定以上の学力が要求されるため、デトロイトでは教育難民となった子どもたちが路上にあふれ、失業した教師たちは州を出るか、食べていかれずにＳＮＡＰ（フードスタンプ）を申請することになった」（『㈱貧困大国アメリカ』岩波新書、二〇一三年）。チャータースクールとは達成目標契約に基づいて認可されるプロジェクト型の学校で、九〇年代以降のアメリカで劇的に増えた。恵まれた教育環境下で富裕層の子どもたちの能力を伸ばしていくのに成果をあげるが、その背後で膨大な貧しい子どもたちの公教育が取り残された。九〇年代以降、新自由主義はそれまで企業活動が行われていた分野を越え、教育や医療、コミュニティ生活の奥深くに入り込んでいった。その結果、私たちの家族や地域、そして未来をすっかり変えてしまったのだ。

❖ラストベルトの「貧困の文化」

アメリカで公共的なインフラの破壊が不可逆的に進んだのは、レーガン政権以降である。論者たちは、一九八〇年代にこの国が決定的に変質し始めたとする。たとえば、トランプ支持者が多数派を占める「錆びついた工業地帯(ラストベルト)」の典型、オハイオ州の鉄鋼の町で生まれ育ったJ・D・ヴァンスは、彼が生まれる八四年頃まで、故郷の「ミドルタウンはほとんど変化がなかったようだ」と言う。だがその後「変化の兆しが見られるようになった。土砂崩れというより、浸食と呼んだほうがふさわしい変化だったので、住民ですら見逃しがちだった」。以前は「にぎやかなショッピングセンターや、第二次世界大戦前から続くレストランがあり、製鋼所でのきつい一日を終えた祖父のような人たちが集い、ビールを一杯(あるいは何杯も)引っかけられるバーもいくつかあった」。ところが九〇年代に街は寂れ、店の「多くは完全に撤退した。二〇年前にはショッピングセンターがふたつあったが、いまやひとつは駐車場になり、もうひとつも、店はいくつか残っているものの、高齢者の散歩道になっている」(『ヒルビリー・エレジー』光文社、二〇一七年)。

ちなみに「ミドルタウン」とは、社会学者ならば知らぬ人のないリンド夫妻による古典の舞台と同じ名前である。リンド夫妻が両大戦間期にフィールドワークを重ねた「ミドルタウン」は、アメリカ的生活様式を享受する中産階級コミュニティのモデルであった。ヴァンスが描いたのは、それとは対極にあるコミュニティ(の崩壊)の姿である。それはたしかに、繁栄から取り残された白人貧困層の文化なのだが、社会学的に語られてきた「貧困の文化」とは似ても似つかないものである。というのも「貧困の文化」とは、かつてオスカー・ルイスが『サンチェスの子供たち』や『ラ・ビーダ』をはじめとする著作において、メキシコシティやプエルトリコの貧民街のフィールドワークから浮かび上がらせていった文化世界で、近代都市の只中にあっても近代的な価値から巧みに逃れていく人々のしぶとい日常がそこにはあった。

ヴァンスが描いた「貧困の文化」は、かつてルイスが描いたような貧しさが逞しさの土壌となる文化ではない。むしろそれは、「社会の衰退を食い止めるのではなく、それをますます助長する」文化なのだ。子どもの頃、「裏庭で遊んでいると、親の叫び声が聞こえてくる。私たちは路地に逃げだしてそのあたりに身を隠した。そもそも祖父の近所の人たちは、あまりにも大声でわめくので、家のなかにいてもその声がはっきり聞こえてくる」(ヴァンス、前掲書)

毎日が刺々しく、荒涼としており、心のよりどころも未来への展望も簡単には見つからない。そんな環境に長くいると、人々は「よい仕事であっても、長続きしない。支えるべき結婚相手がいたり、子どもができたり、働くべき理由がある若者であっても、条件のよい健康保険付きの仕事を簡単に捨ててしまう。さらに問題なのは、そんな状況に自分を追い込みながらも、周囲の人がなんとかしてくれるべきだと考え」るようになっていく(同右)。言うこととすることが一貫せず、目の前の現実を直視せず、何人もが薬物中毒に陥っていく。彼らは社会制度に対する根深い不信感を共有し、いつも「絶望的な悲しみを抱えて」生活している。

この新しい「貧困の文化」像は、ヴァンス自身の生い立ちに由来するもので、極端な像ではある。しかしそれは、一九九〇年代以降のラストベルトに広がる文化状況をよく捉えてもいる。もっともヴァンスは、この新しい「貧困の文化」とレーガン以降の新自由主義との関係を明確にしてはおらず、むしろ家族や教会、コミュニティのなかのソーシャル・キャピタルを強化することが、新しい「貧困の文化」から人々を解き放つ道だと考えているようだ。

だが、話はそう簡単ではなさそうだ。今日のアメリカの「ワーキング・プア」について詳細な調査を重ねたデイヴィッド・K・シプラーによれば、貧困は、「互いに増幅し合う一群の困難の所産」であり、ほとんどの家族にとって「貧困の構成要素は経済的でもあれば心理的でもあり、個人的でもあれば社会的でもあり、過去のことでもあれば現在のことでもある」。個人的－社会的な諸問題が、複合的に「しっかりと結びついている」ので、「一つの不運がもともとの原因からずっとかけ離れた結果を伴う連鎖反応を引き起こす」のである（『ワーキング・プア』岩波書店、二〇〇七年）。だから、「貧困な人々は、富裕な人々と比べ、私的な決定に関して制御する力が弱く、冷酷な行政機構から身を守ることもままならず、技術と競争を原動力とする危険に満ちた猛烈な世界を航海して回る鋭敏さにも劣る」という見解が一見当てはまるように見えても、これを個人の能力の問題と考えるのは間違っている。

この複雑に絡んだ糸を解きほぐすのは簡単ではない。シプラーが例示するところでは、「荒廃したアパートは子どもの喘息を悪化させ、救急車を呼ぶことにつながり、それによって支払えない医療費が発生し、カード破産を招き、自動車ローンの利息を引き上げてしまう。そうして故障しやすい中古車を購入せざるをえなくなり、母親の職場の時間厳守を危うくし、その結果、彼女の昇進と稼得能力を制約し、粗末な住宅から出られなくなる」。過去数十年間、アメリカは国全体が豊かさに向けて拡張する社会から、その内部で無数の競争原理が組み合わされ、ごく一部の富める者と貧しさにとどまり続ける多数の者をますます乖離させていく複雑なシステムに変容してしまった。その結果、今や「経済が活況を呈しているときでさえ、大多数は、元の状態からあまりよくなることなく、苦境をさまよう」のである(同右)。

こうして苦境を彷徨う労働者が、やがて大富豪のトランプを支持するに至るには、いくつものねじれが媒介しているはずだ。そうしたねじれの数々を理解するには、ヴァンスが描いた「貧困の文化」の荒涼とした風景の底にある人々の心の蠢きに、さらに目を凝らしてみる必要がある。金成隆一の『ルポ トランプ王国』(岩波新書、二〇一七年)は、トランプ支持者の世界に分け入り、彼らの日常に触れて書かれた好著である。トランプの躍進が注目を集めた頃から、金成はオハイオ州にあるラストベルトの街「ヤングスタウン」の食堂や飲み屋、支持者宅に週末を利用して通い、彼らの日常に馴染んでいった。概して彼らは「地方で暮らす普通のアメリカ人ばかり。……日々の暮らしのために必死に働いている人、働いてきた人が多」かったという。表面的には、ヴァンスが描いた人々とは異なる印象である。金成によれば、トランプ支持層を形成したのは、「自分はもはやミドルクラス(中流階級)ではない」「中流から貧困層に滑り落ちそうだ」という不安や嘆きだった。

彼らは極貧で生活している人々ではない。たとえばその一人の家の地下室に案内されると、そこには「野球大会のトロフィーが五〇個ほど、メダルも六〇個ほど。ベンチプレス、ルームランナー、テレビゲーム、ジャクージ風呂、モノにあふれた、米国のミドルクラスの豊かな暮らしぶりがそのまま保存されていた」。彼は、かつて「平日は製鉄所で、週末は野球場で汗を流した。試合の遠征があれば有給休暇を充てた。……労働者は手厚く守られていた」という。今、彼らは「かつての豊かな暮らしが終わる、低所得層に転落しそうだ」、あるいはもう自分は転落し、生活の先が見えないという不安を抱え、さらにその子世代は、「子どもの頃に当然だったことを、大人になった自分は実現できていない」という現実に直面している。

毎週の講義準備や身の回りのことで精一杯で、トランプ支持者のコミュニティに分け入ることなどまるでできていない私は、ニューヨークを訪れた際、特派員として駐在する金成氏と会って話を聞くことにした。印象に残ったのは、彼がトランプ支持者との会話から感じ取った「誇りが失われる」、あるいは「失われている」という感覚の政治力学である。この恥辱とも喪失感ともいえる感覚にトランプは言葉を与え、亀裂を広げ、その広がった亀裂を利用して自分を押し上げていった。彼らは「自分の声など誰も聞いていない。自分の暮らしぶりに誰も関心がない。あきらめに近い思い」を持っていた(金成、前掲書)。そんな人々の心をつかむのは政策の「正しさ」ではない。そこで彼らの喪失感や恥辱を「敵」への攻撃に転化させる詐術をトランプは使い続けた。トランプを支持した人々は、まだ自分が詐欺に引っかかったことに気づいてはいない。というか、最初からそれに気づいていても、気づかないふりを続けるのである。

「トランプ王国」の住人たちにとって、物事のプライオリティは明白である――「生活」と「誇り」。大統領候補が語る政策の実現可能性や主張の間の矛盾はさほど気にしない。民主党候補はもっと「配管工、美容師、大工、屋根ふき、タイル職人、工場労働者など、両手を汚して働いている人に敬意を伝えるべき」だったというのは、金成が取材をしたラストベルトの地元委員長の言葉である(「朝日新聞」二〇一七年一一月一六日)。彼らは自分の仕事に「誇り」を持っており、その「誇り」を維持できなくなった現実に絶望している。よい仕事があること、家族を養えること、子どもの誕生日にパイを用意できること、毎年十分な休暇を取れること――これらの基盤が労働者の「誇り」を支えてきた。まさにそれが九〇年代以降、総崩れになっていったのだ。産業構造が変わったのだから新しい環境に適応しろというのは、候補者の口からは聞きたくない。もしも民主党が、まるで日本の自民党政治家のようにラストベルトの道路や橋の補修に多大な公共投資を約束していたら、選挙結果は違ったかもしれない。人々はIT産業の下請けになることよりも、「汗を流して自分の腕で稼ぎたがっている」のである。

❖「ハマータウン」と「フィッシュタウン」

ここまで論じてくると、ラストベルトの労働者たちの新しい「貧困の文化」の位相が見えてくる。彼らの文化は、一九世紀にエンゲルスやチャールズ・ブースが、第二次大戦後はリチャード・ホガートの『読み書き能力の効用』や、E・P・トムスンの『イングランド労働者階級の形成』といった英国文化研究の労作が焦点を当てた労働者階級文化の変わり果てた姿なのである。アメリカで同様の知的伝統を形成したのは主に都市社会学で、トマスとズナニエツキによる「ヨーロッパとアメリカにおけるポーランド農民」の研究、あるいは前出のルイスの「貧困の文化」、さらに無数の移民コミュニティ研究がなされてきた。しかし、アメリカの研究は大都市の移民労働者を主な対象としてきたので、今、問われているラストベルトの「貧困の文化」の理解には、むしろ英国の労働者階級文化研究との繋がりを考えるほうが有益だ。

ホガートが論じたように、一九五〇年代まで中産階級から峻別される労働者階級の文化がイギリスの都市では維持されていたし、アメリカの工業都市でもある程度は同じだったと思われる。彼は、戦後のイギリスで「働く人々の日常会話、その方向を決める諸前提は、まだこれまでの話し言葉の、地方的な、伝統から多くを引出されており、それに比べれば、マスメディア・コミュニケーションの作用はたいしたこともない」と語っていた。この階級的伝統は生活全般に及び、「「本当にホームらしい」部屋のかざりつけに関しては、彼らのおじいさん、おばあさんが買ったような古い家具を配列するときと同じ、大前提を体現」すべきとされていた。

工業都市の労働者として暮らすことは、「生活万般に染みとおった一つの文化」に帰属することだった(『読み書き能力の効用』晶文社、一九七四年)。

七〇年代、変容する若者文化のなかで、なお階級文化が再生産され続けていることを鮮やかに捉えたのはポール・ウィリスだった。イギリス中部の工業都市「ハマータウン」の中学校を舞台にウィリスが描いたのは、自らを「野郎ども」と呼ぶ男子生徒が、教師に従順な生徒を「耳穴っ子」と侮蔑的に呼び、「学校制度とその規則をかいくぐって、インフォーマルな独自の空間を象徴的にも具体的にも確保し、「勤勉」というこの制度公認の大目標を台無しにしてしまう」様子だった。彼らはその意志を服装や立居ふるまいの象徴的形式によって表明し、学校教育が強調する公式言語の支配を拒絶した(『ハマータウンの野郎ども』筑摩書房、一九八五年)。

このような「反学校の文化」には、学校側が提示する人生についての展望を超えた洞察が含まれていた。「野郎ども」は「耳穴っ子」が額面通りに受け取る公式的規範を異なる仕方で解読し直していた。この対抗的な読みの実践は、彼らと親たちの労働者階級文化の繋がりに支えられていた。E・P・トムスンらが示してきたように、労働者階級の文化とは、資本主義の階級構造から自動的に生じるものではない。実際の労働現場の厳しい条件や監視のもとに、労働者たちが独自の行動規範を打ち立てていく能動的な実践を通じ胚胎されたものなのだ。ウィリスは「よそよそしい力が支配する状況を自分たちの論理でとらえかえすというこの逆説は、私たちが反学校の文化において見たものと同じものであり、また無味乾燥の公式の制度のただなかで生き生きとした関心や気晴らしを根づかせる試みも、両者に共通」だと論じた。「野郎ども」のしたたかさは、学校の外に広がる労働者階級文化との結びつきに支えられていた。

まさにこの点において、反学校文化の逆説的な帰結が導かれる。つまり、「野郎ども」が学校の公式的規範を相対化し、それを超える視座を獲得していくまさにその過程が、これを可能にしている労働者階級の文化との連続性により、彼ら自身が「自分の将来をすすんで筋肉労働者と位置づけ」、自己を成形していく過程となっていた。「野郎ども」は、学校という文脈のなかでは、規則に従順な「耳穴っ子」を超える洞察力を発揮しながら、まさにそのことで「西欧資本制社会の下積みとなる運命に、みずからの手でみずからを貶めて」いたのである。

ウィリスの議論は一九七〇年代までの反学校文化と階級文化の関係を見事に捉えていたが、このような連続性が崩壊していったのが、九〇年代以降の変化である。大きな歴史のなかでは、「野郎ども」の反学校文化は、一九世紀初頭にまでその形成を遡れる労働者階級文化の現代的局面だった。しかし二〇世紀末以降の国家と資本の新たな組織化は、この階級文化の基盤を掘り崩す。理念型的には、ウィリスの「ハマータウン」と金成の「ヤングスタウン」、それにヴアンスの「ミドルタウン」を直線上に並べてみるといい。一方の極にはハマータウンのように労働者階級の文化が若者たちの実践を通じてしっかり再生産されていく町があった。他方の極にはミドルタウンのようにそれが道徳的にも、人々の繋がりにおいても解体し、なお残る破片を頼りに人々がなんとか生き抜いている町がある。九〇年代以降の社会変動は、アメリカにおける労働者の文化世界の重心を前者の極から後者の極へ大きく移行させた。

この転換はいかにして生じたのか。この点を明らかにしていくために、チャールズ・マレーが分析したフィラデルフィア北東部の「フィッシュタウン」に注目しよう。フィッシュタウンは、一八世紀から白人労働者階級が集住してきた町で、移民は少ない。多くは高卒で働きに出る。大学を卒業する人は少なく、「ほとんどの世帯は全米の所得分布の下半分に位置し、二〇〇〇年には世帯所得の中央値がわずか四万一九〇〇ドルだった」(『階級「断絶」社会アメリカ』草思社、二〇一三年)。この典型的な白人労働者階級の町で、一九八〇年代後半から社会の劣化が確実に深刻化していったのを確認できるのである。

たとえば、結婚の減少がある。この町では、一九六〇年には壮年期の白人の八四%が結婚していたが、その後既婚率は下降の一途をたどり、二〇一〇年にはわずか四八%にまで減少してしまった。しかも、この地域の人々の結婚は、内実においても劣化している可能性があり、質問に「結婚が「とても幸せ」」と答える人の割合も下降し続けている。

他方、働けない、ないしは働かない大人の割合は上昇し続けた。一九六〇年の白人男性の非労働力率は、学歴が高卒以下では四・五％、大卒以上では一％で、どちらもそれほど問題にすべき値ではない。だがその後、七〇年代から二〇〇八年にかけて、高卒以下の白人男性は労働の場からどんどん離れていった。二〇〇八年の非労働力率は、高卒以下が一二％となり、大卒以上の三％とは大きく隔たる。かつては高卒以下でも大卒以上でも、白人男性にはそれなりの仕事があったのだが、二〇〇〇年代までのどこかで、高卒以下の白人男性が働ける職場が消えていったのである。大卒以上の学歴ならば、就職難でもまだ希望が持てた。しかし高卒以下の白人男性の若者たちは、それまでの世代に比して絶望するしかなくなっていったのだ。

マレーは、ここ数十年で非労働時間が学歴の低い人々に集中して増えたことを確認している。一九八五年頃まで、大学を卒業した男性と高校を卒業していない男性の非労働時間はほぼ同じだったが、その後、二〇〇五年までに後者の非労働時間は週に八時間も増え、前者の非労働時間は週に六時間も減った。しかも、高校を卒業せず、働いていない男性の場合、職探し、教育、訓練等に費やす時間も短くなっていった。逆に増えたのは寝ている時間とテレビを観る時間で、特にテレビを観る時間は、八五年から二〇〇五年までに週一〇時間近くも長くなった。彼らはもはや未来に希望が持てず、職探しも教育や訓練も諦め、絶望のなかでテレビを観続けるか、ただ寝ているかしかできなくなっていったかのようだ。

この変化はフィッシュタウンの姿を決定的に変えた。マレーによれば、一九八〇年代前半まで、この町の非労働力率は全米の失業率と同じように推移していた。七〇年代の不況はこの町も襲ったが、この町だけが特別ではなかった。ところが八〇年代半ば以降、全米の失業率が下降しても、フィッシュタウンの非労働力率は上昇し続けたのである。マレーは、この町の二〇歳から六四歳までの非労働力率が、一九六〇年の九%から二〇〇〇年の三〇%まで上昇したという。ここは大人の男たちの三人に一人が働いていない町となったのだ。この状況は、ヴァンスが描いたミドルタウンに似ている。このような町では、「コミュニティの形成ないし再生を可能にするいわば〝原料〟が、回復不能なほど減少してしまうのだ（マレー、前掲書）。

これが、一九八〇年代半ば以降、アメリカの労働者に生じたことである。だから、彼らの一九五〇年代から六〇年代にかけての経験と、九〇年代から二〇〇〇年代にかけての経験は、まるで正反対だった。五〇年代の貧困は、これから皆が脱していく過去であった。労働者の実感として、貧困は克服可能で、未来は豊かさに開かれていると感じられていた。これが、大衆的な意味でのアメリカンドリームである。二〇世紀を生きた多くの大衆にとってアメリカンドリームとは、一文無しの移民から億万長者になる夢ではなく、どんな階層でもすべてのアメリカ国民が、家電製品と豊かな食卓、自家用車を備えた中産階級的生活を享受することだった。そしてこのアメリカンドリームは、一九五〇年代から六〇年代にかけては相当数の労働者階級の家庭でも実現に向かっていたのである。だからそのような上昇移動により、アメリカの労働者階級文化は輪郭が曖昧なものにもなっていた。

ところが一九九〇年代以降、アメリカ社会に生じた中流の崩壊、少数の富裕層と膨大な貧困層への両極化は、中産階級と区別がつかない生活に慣れた白人労働者の意識と、現実に進行する彼らの生活の下落の間に著しい乖離をもたらした。人々は貧困を、すでに克服された過去ではなく、やがてそこに突き落とされそうな未来として、あるいはもうそこに陥っているかもしれない現在として感覚し始める。未来に広がる貧困が、ここでは日々の絶望として経験されるのだ。この「出口なし」の絶望は、事態をさらに悪い方向に導いてもいった。アメリカンドリームはその方向を反転させ、未来への恐怖となっていったのである。

❖復活版「ロザンヌ」の問い——白人労働者階級を上演する

アメリカの労働者階級文化が崩壊に向かっていた一九八〇年代末から九〇年代にかけて、まさにその労働者階級家庭の典型とも見える一家を舞台に、約一〇年間にわたり大人気を誇ったABCテレビのコメディ番組があった。「ロザンヌ」というその番組名には、主演女優でコメディエンヌのロザンヌ・バー(実名)と、ドラマのなかでコーナー一家を仕切るロザンヌ・コーナー(役名)が重ねられている。八〇年代末以降のアメリカで最もよく観られたテレビ番組の一つで、九〇年代半ばまで、毎年二〇%前後の視聴率を稼いでいた。ロザンヌ・バーは、一九九三年にエミー賞とゴールデン・グローブ賞の両方を受賞している。

そして二〇一八年三月、「ロザンヌ」は二一年間の空白を経て、前回のシリーズとほぼ同じキャストで驚異の復活を遂げる。前回から今回までに二一年の歳月が過ぎているから、それぞれの役柄もその分だけ歳を取り、ロザンヌの子たちにはもう子どもがいて、ロザンヌはおばあちゃんである。それだけでなく、彼女は工場のラインでの仕事はもうとっくに辞め、今は小遣い稼ぎにウーバーの運転手をしている。彼女の夫のダンは前回のシリーズの最後で心臓発作で死んだことになっていたが、新シリーズの冒頭でロザンヌが呼びかけると口から人工呼吸器をさりげなく外して復活を遂げる(二一年間、人工呼吸器をつけたままだったのだろうか?)。新登場になる彼らのかわいい男の子の孫は、時間があると爪にマニキュアをつけることに余念がなくLGBTを示唆しているし、他の孫にアフリカ系アメリカ人の女の子も加わっている。

この復活版「ロザンヌ」が、三月の放送開始以来、第一週の直接視聴は一八〇〇万人、再放送等も入れれば二五〇〇万人という大ヒットとなり、全米で話題となっている。多チャンネル化し、ネット化した時代に一つの番組がこれほどの視聴者を獲得することはきわめて稀だ。

話題の理由は視聴率だけではない。主演のロザンヌ・バーは、自らのトランプ寄りの立場を公然と表明しており、番組の役としてもトランプ支持を語る。すでに大いに議論を呼んだ第一週の場面では、別れ別れになっていた一家が再び集まって食卓を囲む。食前の祈りの後、ロザンヌは「アメリカを再び偉大にしてくれてありがとう(Thank you for making America great again!)」と、トランプの決まり文句を発するのだ。すかさずヒラリー支持の妹ジャッキーが「なんで彼なんかに投票したの！」と突っ込みを入れると、ロザンヌは「彼は雇用について語るでしょ」と答える。ジャッキーが「ニュースを見れば、雇用はどんどん悪化していることがわかるわ」と言うと、ロザンヌは「それって、真実のニュースじゃないでしょ」と答える。テンポよく会話が進むので文字にすると雰囲気は伝わらないが、ラストベルトのトランプ支持者と民主党支持者の会話が示唆されていることは明白である。ロザンヌの立場は保守的白人労働者に近く、そのトランプ寄りの言動がジャッキーらの対抗的な語りで緩和されている。

「ロザンヌ」は最初のシリーズの時代にも、家庭内暴力や失業、貧困、薬物乱用、人種、ジェンダー等の論争的な話題を番組に積極的に取り込んでいた。それまで性別役割分担を自明のものとする中産階級家庭を描くことが多かった「シットコム(シチュエーションコメディの略)」の世界に、「ロザンヌ」は労働者階級の女性を前面に打ち出した新しいスタイルを持ち込んだのである。だからそれは、労働者寄りで、フェミニスト的ですらある番組として受けとめられていた。ところが二一年間の空白後、ロザンヌが支持したのはトランプであり、保守的な白人労働者の立場だった。トランプもまた、ハリウッドに味方が少ないなかでロザンヌ・バーのような援軍はありがたく、彼女との友好を強調している。新シリーズでも、失業や薬物依存、代理母や医療制度など、アメリカが直面する多くの問題が取り込まれているが、ロザンヌ自身が表明しているトランプ寄りの姿勢から、一部の批評家からは裏切りと批判されている。

この解釈はしかし、そう簡単ではないかもしれない。一方で、ABCテレビはトランプ当選から時間を経ずに、「ロザンヌ」の復活放映を模索し始めていたようだ。遅くとも二〇一七年六月には、ABCの娯楽番組統括者は、東西の海岸地帯の視聴者の関心とは異なる「それ以外のアメリカ」に焦点化し、「ロザンヌ」を復活させることは有効との認識を示していた。それまでメディアを牛耳るエリートたちが見ようともしなかった北米大陸中央部の保守的な労働者たちの存在を、トランプ当選は一気に眼前に浮上させた。そうした人々のリアリティ感覚をエンターテインメントとして体現できるのは、ロザンヌ・バーをおいて他にいなかった。なぜならば、ソルトレークシティのユダヤ系労働者の家庭に生まれ、一六歳で未婚の母となり、一八歳で家出してコメディエンヌの道をたたき上げで歩んできたバーには、アメリカ中央部の白人労働者の身体感覚が身についていたし、それを笑い飛ばす才覚もあると思われたからだ。

しかし現実には、今はもちろん一九九〇年代においてすら、「ロザンヌ」が描いたアメリカ労働者階級の家族的な結びつきは失われていた。だが、ラストベルトの労働者たちが豊かだった過去の残影を自分たちの誇りとして把持し続けるように、アメリカの大衆もまだ「下層」ではなかった労働者家庭を振り返る。この二重性にはねじれがあり、二千数百万の「ロザンヌ」視聴者のなかで、ラストベルトの貧しい白人労働者は一部だろう。しかし今、トランプ効果でその忘れられていた労働者への関心は高まっており、ABCテレビは狡猾にもこの大衆意識の流れを利用しているのである。そして登場人物たちも視聴者も、自分たちがこの番組で演じている労働者階級の家庭が架空の構築物であることをよく知っている。

一見して明らかに、「ロザンヌ」にはノスタルジックな基調があり、その上に同時代の論争的なテーマが持ち込まれている。姉妹も子どもたちも孫たちも外見的にはまったく似ていないこの家族は、「家族」というフィクションを俳優たちが演じていることを公然と表明している。

それがアメリカの「シットコム」の持ち味なのか、ロザンヌ・コーナーとロザンヌ・バーの境界線は曖昧だし、持ち込まれる端的に現実的な話題とこのドラマのどこかお伽噺的な印象が曖昧に結合し続ける。トランプの基盤であったリアリティショーと同様、ここでは現実と幻想の境界が解消され続けている。

ロザンヌ・バーをトランプ支持者として、「ロザンヌ」を親トランプの番組として「進歩的」な視点から批判するのは簡単なことだ。そのような批判はしかし、それ自体が表層的で外在的なものにとどまらざるを得ない。ここで必要なのは、番組の登場人物の政治的立場を批判することではない。このコメディがなぜ今、数千万の視聴者を獲得できたのか？　視聴者は番組をどう語るのか？　それは視聴者のジェンダー、階級、地域、世代でどう異なるのか？　このような視聴実践は、彼らの日常といかに縫合されているのか？　フェミニズムやカルチュラル・スタディーズの研究者は九〇年代、「ロザンヌ」のなかにあるジェンダーや階級の表象を熱心に検討していた。それから二一年後、右旋回した主演女優を囲んで突如復活した「ロザンヌ」の大ヒットの分析には、過去の蓄積の再検討が不可欠である。

アメリカは階級社会ではないとの主張があるが、実際にこの国で暮らした実感は、この主張とはまったく異なる。現時点において、アメリカは明白に階級社会である。他方、一九二〇年代までのアメリカも露骨な階級社会だった。ただ一九三〇年代からニューディール体制が浸透していくなかで階級的亀裂が弱められ、それが戦後も続いていただけである。そして一九世紀から存在したアメリカの労働者階級文化は、戦後の好景気のなかで中産階級的な消費文化を取り込み、階級的境界線を曖昧にさせながら七〇年代まで存続していた。

ところが八〇年代以降、新自由主義の浸透により、この労働者階級の生活基盤は急速に空洞化していった。アメリカ社会は中産階級文化のなかに労働者を統合し、階級を解消する方向ではなく、少数の富裕層と大多数の下層の非熟練労働者の激しい格差を復活させる方向に向かった。この変動の影響を最も厳しく受けたのは、すでに階層的な上昇を経験していた労働者階級や下層の中産階級の人々であった。彼らは、より底辺に組み込まれていた移民労働者たちが人権を確立し、他方で産業の国際ネットワーク化により国内の生産拠点が縮小するなかで、自分たちの居場所を失っていった。つまり八〇年代以降、それらの社会変動がもたらす諸矛盾を最も顕著に体現していったのは、この下降していく労働者やその子世代であった。

ジェイン・ジェイコブズは、二〇〇六年に八九歳で世を去る直前、遺作でアメリカにおける公共領域の劣化が、この国を「暗黒時代」に導くと警告した。「多くの負の要因が重なってそれ以前の生活様式を消し去り、すべてが変化して豊かな過去は貧弱な現在となり、まったく異質な未来へと変質する」(『壊れゆくアメリカ』日経BP社、二〇〇八年)。その暗黒化が、もう始まっているというのである。彼女が挙げたのは、コミュニティ、家族、高等教育、科学、政府、専門倫理の劣化であり、総じて公的ないしは共同体的なものの劣化と言っていい。冒頭で私自身の経験を例に書いたように、この劣化は労働者階級の世界でのみ起こるのではなく、アメリカ社会全般で生じてきたものだ。だが、劣化の影響を最も深刻に受けたのが、社会の上層でも最下層でもなく、むしろその中間、八〇年代まで中産階級並みの生活を当然と思っていた層であったこともすでに論じた。「ロザンヌ」はある意味で、このような公的領域の劣化による階級文化の崩壊に対する抵抗のふるまいと言えなくもない。実際にロザンヌ・バーは、出演した番組等で現代資本主義の貪欲さを何度も批判している。

一九八〇年代から九〇年代にかけて、新自由主義によって福祉国家の足場を外してしまったにもかかわらず、アメリカ経済はまだ上昇気流に乗ってはいなかった。労働者階級の女たちの日常を、ノスタルジーと鋭い現実感覚をない交ぜにして描いた初代「ロザンヌ」が大ヒットしたのはそんな時代だった。その後、ICTのブームもあって経済が上昇気流に乗ると、労働者への関心は薄れていった。シリコンバレーの時代である。しかし構造的趨勢が変化したわけではなく、やがて問題が再び浮上してくる。トランプ政権は、この亀裂と格差だらけのアメリカを、戯画的なほど露呈させている。だからこそ、「ロザンヌ」は再び全米の視聴者の関心を集めるはずだと考えたＡＢＣテレビの戦略は間違ってはいない。アメリカは、再び白人労働者の女たちに自分たちの社会が抱える問題を語らせることで、多くのアメリカ人には「他者」であるトランプ支持者と折り合いをつけようとしているのだ。

後日談　ロザンヌ・バーの大失言

それはとんでもない大失言だった。失言の主は、本章で取り上げたロザンヌ・バーである。彼女が真夜中にした一行のツイートが、空前の視聴率を誇っていた超人気番組「ロザンヌ」を非難の渦に巻き込み、あっという間にＡＢＣは番組の打ち切りを決めたのだ。問題のツイートからわずか一六時間後の決定だった。この失言で、バーは再び上昇気流に乗っていた自身の名声も、番組の大ヒットで得られるはずだった莫大な収入もすべて失った。

発言が大問題となったのは、そこに露骨な人種差別主義が表出されていたからである。彼女はあろうことか、膨大な数のフォロワーのいる自身のツイートで、オバマ大統領の上級顧問だったヴァレリー・ジャレットを、「ムスリム同胞団と猿の惑星の間にできた子」のようだと揶揄したのだ。――これは、いけない。ジャレットはイラン生まれのアフリカ系アメリカ人だ。だからこの揶揄は、アフリカ系アメリカ人を「猿の惑星」の子と名指ししていることになり、忌むべき人種差別主義を露骨に連想させる。そんな発言をツイッターで拡散させてしまったのだから大変である。「ロザンヌ・バー＝人種差別主義者」への抗議でネットは大炎上した。対応がきわめて速かったのはABCで、次の段階で予想される視聴者の反応やスポンサーの態度を即座に計算し、トップダウンで空前の視聴率を上げていた看板番組の打ち切りを決定した。

なぜ、こんなことになってしまったのか。前述のように、バーは北米大陸中央部の白人労働者文化のなかで自己形成してきた人物であり、舞台の上だけでなく実生活においても、白人労働者の保守的な意識と共振してきた。つまり彼女は、「トランプ支持」を演じていたという以上に、本当にトランプ支持者だった。二〇一〇年代のバーが、一九九〇年代の彼女よりもずっと右翼的なのは、白人労働者自体がそのような右旋回をしたからである。したがって、人種差別主義は彼女の意識の根底に宿り続けており、その「白人×非エリート」の差別意識は、「黒人×エリート」のオバマ的なものに対する根深い反感と一体をなしていたと考えられる。

ただ、心の底に人種差別的な意識を潜在させていても、復活版「ロザンヌ」の爆発的成功で得ていた立場を自覚していれば、普通はそれを露骨に表明したりしない。ところがどうやら、公私の区別が曖昧なソーシャルメディアと彼女の性格が共振し、すっかりそこにハマってしまっていたようなのだ。公式と非公式の境界線が曖昧という点では、もともと彼女をスターに押し上げたシットコム自体がそうしたジャンルだったわけだから、これはある種の必然だったのかもしれない。しかし、ソーシャルメディアにはすでに論じたフィルターバブル的な構造があり、ハマればハマるほど、閉じられた世界観に自己を埋め込んでいくことになる。いかなる偏見や差別主義も、その世界の内部では「常識」として扱われ、他者の視点から相対化されることがない。問題の人種差別発言も、そんな環境で、深夜、しかもバー自身のやや自制を欠く性格と重なって飛び出したのだろう。一度発せられてしまった言葉は、ツイッターの圧倒的な拡散力から誰しもが知るところとなる。口は災いのもと、もう取り返しがつかない。

以上から察せられるのは、ロザンヌ・バーは、もう一人のドナルド・トランプだったということだ。ABC幹部は、バーが番組外のツイッターでする発言が物議を醸すことを気にかけ、ある種の監視をしていたともされる。番組では、ロザンヌの問題含みの発言が、いつも他の家族メンバーの鋭い突っ込みによって相対化され、緊張感あるバランスのなかでアメリカの現状がユーモラスに表現されていた。しかし、番組の外となると抑制の利かない彼女の独壇場となる。これにはもともとリスクがあった。バーにはトランプに似て、次に何をするかわからない危うさがあり、またそれが彼女やその番組の人気の要因ともなっていたのだから、これは両面的である。逆に言うなら、トランプがあれほどの暴言、問題のあるふるまいを重ねながら、なお一定の支持率を確保しているのは、バー同様、彼の「危うさ」そのものが人気の要因だからでもある。だがここには、他者がいない。ソーシャルメディアにハマったバーと同様、議会や官僚システムの外に出た大統領は、やはり何をするかわからないのである。

「ロサンゼルス・タイムズ」紙は、番組の打ち切りを受け、復活版「ロザンヌ」などそもそも存在していなかったかのようだと伝えた(May 30, 2018)。だから大失言でバーがアメリカのテレビから消えたように、大疑惑でトランプが政界から消えれば、アメリカのメディアは「そもそもそんな大統領はいなかったかのようだ」と語り始めるかもしれない。しかし、「ロザンヌ」を圧倒的な数の視聴者が歓迎したのは、彼らがロザンヌの主張に共感したからではない。事態はむしろ逆で、問題含みの発言をするロザンヌが相対化される、家族との様々な会話がスリリングだったからである。大衆的な人気は、いつも微妙な均衡の上に成立する。そしてこの二年近く、トランプの妄言は、無数の高校生、女性、マイノリティの運動によって相対化されてきた。もちろん、だから一六時間でトランプ退場とはならないだろうが、テレビのなかで起きることと、その外で起きることの間には、思いの外、想像的な共振性もありそうだ。

第 6 章
アメリカの鏡・北朝鮮

核とソフトパワー

金正恩氏が観覧した牡丹峰楽団の公演には、ディズニーアニメの映像をバックに，ミッキーとミニーも登場した(2012 年 7 月 6 日，北朝鮮・平壌，KRT/AP/ アフロ)

❖北朝鮮のなかの「アメリカ」

ボストンの春は遅い。四月下旬になっても、まだ雪がちらつく日もあり、なかなかコートが手放せない。日本では、もうとっくに桜の満開も終わる頃に、ニューイングランドでは木々の花がやっと芽吹き始める。冬将軍が最後のもがきを続けているのだ。ただし、このもがきに大いに助けられたのは日本人マラソン・ランナーで、二〇一八年のボストン・マラソンは寒さに大雨に強風、酷い天候を追い風に見事優勝を勝ち取り嬉しいニュースとなった。

このアメリカ東海岸の「遅い春」を追い越すかのように、米朝関係が三月から四月にかけて雪どけに向け劇的に展開した。世界に衝撃を走らせた米朝首脳会談開催のニュースに続き、四月には金正恩朝鮮労働党委員長が核実験場の廃棄と弾道ミサイル発射中止を宣言。そして四月二七日、板門店での歴史的な南北首脳会談となった。一連の展開の決定的なポイントが、韓国の文在寅政権から打診された金委員長との首脳会談の提案を、トランプ大統領が受けたことにあったのは言うまでもない。ロシア疑惑で追い詰められ、日々メディアから非難《ひなん》囂囂《ごうごう》のトランプ政権が、一一月の中間選挙を乗り切るために有力な得点が欲しかったのは明白で、そこを見越してトランプを持ち上げ、その気にさせた文大統領の外交手腕は見事であった。

　もちろん、私がこの原稿を執筆している五月上旬の段階でも、六月に予定されている米朝首脳会談が成功裡に終わる保証はないし、確実に開催される保証すらまだない。アメリカが求めるのは、完全で検証可能、不可逆的な方法での非核化である。とりわけ譲れないのは検証可能性で、国際原子力機関（IAEA）による査察を北朝鮮が受け入れることが前提となる。他方、北朝鮮が求めるのは「体制保証」「米朝国交正常化」「経済制裁解除」の三点で、段階的に非核化を進める度に見返りを受けたいと考えている。最大の争点が、この「段階的」にという条件を認めるかどうかにあることは明らかだ。アメリカの立場からすれば、完全な非核化が検証された上で、経済制裁解除をはじめとする北朝鮮の要求を受け入れたいとの考えだ。しかし北朝鮮からすれば、核武装を解いて無防備になってしまったら、何をされても抵抗できなくなる。「段階的」との条件は譲れない立場のはずだ。核開発の凍結と核兵器の廃棄は異なる。前者をすでに北朝鮮は宣言しているが、後者は簡単には受け入れないだろう。

　もう一つの争点は、朝鮮半島の「非核化」の意味である。アメリカからすれば答えは簡単で、北朝鮮から核兵器を不可逆的に全廃することだ。しかし北朝鮮からすれば、自国の核兵器をなくしても、韓国の米軍基地からB52が核爆弾を積んで飛来する可能性や、近海の原潜から核ミサイルを撃ち込まれる可能性は消えない。そうした核攻撃の可能性をなくすことが北朝鮮にとっての「朝鮮半島の非核化」かもしれない。金正恩は中国の王毅外相と会談した際、「朝鮮半島の非核化を実現するのは我が国の揺るぎない立場」と語ったが、この非核化には、米軍の核の傘の脅威の除去も含まれているのではないか。この両者の見解の違いの距離は大きい。

さらに実質的にも、仮に北朝鮮がＩＡＥＡの査察を受け入れたとしても、ウラン濃縮型の核開発施設すべての廃棄を確認するのは困難とされる。プルトニウムを製造する原子炉は大型なので廃棄の確認が可能だが、ウラン濃縮に必要な遠心分離機は小型にもできるので、北朝鮮に数千か所はある地下施設のどこかに隠し続けることは可能である。何よりも北朝鮮はウラン資源国で、国内のウラン鉱山から相当量のウランを掘り出してきた。それを隠れた地下施設で濃縮して小型の核兵器を作ることは、今の北朝鮮の技術力ならそれほど難しいことではない。実際、北朝鮮には過去にも国際社会との非核化の合意を破棄した「前歴」があり、一九九四年の米朝枠組み合意で寧辺《ニョンビョン》の核関連施設の運転を凍結し、ＩＡＥＡの監視下に入っていたにもかかわらず、二〇〇二年にウラン濃縮を継続していたことが発覚して合意が崩壊している。今回の米朝会談でプルトニウム関連施設が廃棄されたとしても、北朝鮮指導部が自らの体制の保険として一部のウラン濃縮施設をそっと隠しておく可能性は否定できないともされる。

一方でアメリカは、北朝鮮がどんな嘘をつくかわからないと思っているし、他方で北朝鮮も、アメリカの大統領は大嘘つきだと思っている。だからこれは「嘘つき」同士の交渉となるのだが、それが悪いというわけでは必ずしもない。トランプの前には一一月の中間選挙というハードルがあり、これを乗り越えるのに米朝会談のカードを最大限使いたい。金正恩にもアメリカの突発的な直接攻撃を避け、冷え込んでいた中朝関係を改善するのに米朝会談は有効な切り札だ。互いの信頼はなくても、この会談には互いの利害の一致がある。結果はともあれ、会談をしないことのリスクは、することのリスクよりもすでに大きい。実質的な成果は不確かだが、会談では一定の成果があったという演出が、米朝双方の思惑からなされていくだろう。

状況の劇的変化のなかで、北朝鮮のイメージも変化し始めている。とりわけ全世界に中継された南北首脳会談で強い印象を与えたのは、金正恩の表情やふるまいだった。そこにあったのは、それまで多くの人が思い込んでいた冷酷で残忍な若き独裁者の顔ではなかった。むしろ、表情豊かで茶目っ気すらある恰幅のいい指導者の顔だった。ネットには、彼の顔がいつもと違うとのコメントが多数寄せられ、「かわいい」「影武者ではないか」との声まで上がった。文大統領と二人で手をつないで三八度線を越えてみせたアドリブや平壌冷麺のジョークも含め、彼の挙動はこれまで多くの人が自明視していた金正恩像を揺さぶった。この好印象は日本人以上に韓国人が抱いたようで、韓国の世論調査でも金にポジティブな印象を持つ人が激増した。もちろん、南北首脳会談で彼が見せた顔が素顔だなどと言うつもりはない。しかし、私たちがそれまで思い込んできた彼の顔こそ素顔だと言うことは、たぶんそれ以上に怪しいのである。

金正恩がこれまで自分の親族を含む多くの者を処刑し、かつて後継本命と見られていた金正日の長男である金正男(金正恩は三男)の暗殺も指示したことは事実だろう。さらに彼は核実験を繰り返し、ミサイルを何度も日本海や太平洋に向けて発射してきた。前者は恐怖により自身の権力基盤を確立するためであったし、後者はアメリカを自国との交渉の舞台に引き出すためだった。考えてみると、すでにその両方の目的が達成されている。独裁的な権力の確立とアメリカとの特別な関係の構築。この二つが北朝鮮の政権にとって決定的なモメントなのだ。北朝鮮は、明らかにアメリカとの関係を、日本とは異なる仕方でだが猛烈に意識している。

だいたい金正恩の好きなスポーツがバスケットボールなのはよく知られている。NBAの代表的な選手でしばしば物議も醸してきたデニス・ロッドマンを何度も平壌に招いて歓待している。ちなみにロッドマンはアフリカ系ながらトランプ支持を表明しており、トランプと金正恩とロッドマンは三角形で結ばれる。ロッドマンとの食事での金正恩は実に嬉しそうで、彼がアメリカン・スポーツを大好きなのが見て取れる。

しかも、金正恩の肝いりで二〇一二年に結成された牡丹峰《モランボン》楽団では、美人女性歌手たちがミニスカート姿で歌い、踊り、演奏する。歌詞の中身は北朝鮮の体制賛美だが、メロディや振付は完全にポップスで、さらに彼女たちはディズニー・ソングも得意である。コンサートではディズニー映画の主題歌などを次々に歌い、周囲ではミッキーマウスやくまのプーさんが踊る。北朝鮮のトップスターが歌うのは、ほとんど「アメリカ」なのだ。さらに、平壌には一〇〇万平方メートルの巨大撮影所があり、植民地期の日本人街や欧米の街並みが精巧に再現されている。いわばもう一つのハリウッドを人民共和国の首都に創り出してしまっている。

こうした「アメリカ」への傾倒は、正恩の父、金正日の場合はもっと激しかった。彼の邸宅では「すべての部屋にCNNやMTVはもちろん、韓国や日本の放送も受信できる衛星放送用のアンテナを備えたソニーのテレビが置いてある。金正日はおびただしい数のビデオテープを世界中から集めているが、とりわけハリウッド映画がお気に入りだ。……(彼は)ドナルド・ダック、トムとジェリー、バッグス・バーニーといった、ハリウッド製アニメのテレビ放映を許可して大衆を喜ばせた」(ブルース・カミングス『北朝鮮とアメリカ　確執の半世紀』明石書店、二〇〇四年)。余談だが、金正日の長男・正男と見られる男性が二〇〇一年、「東京ディズニーランドに行く」目的で、家族と偽造パスポートで成田空港から入国しようとして発覚、国外強制退去となっている。金一族の行動パターンは、まるでアメリカの成り上がりの富豪のようだ。

金正恩は、その激しい攻撃口調とは逆に、トランプとの直接会談を切望している。北朝鮮の指導者の心情が、文在寅韓国大統領にはよくわかっていたはずだ。トランプさえ会う気になれば、金正恩は必ずトランプに会う。そう確信していたに違いない。トランプも中間選挙というハードルを前に、得点となる材料を欲しがっていた。トランプに大きなお土産をちらつかせ、最大限の賛辞で持ち上げれば、この男はきっと乗ってくる。そんな読みを文大統領はしていたに違いない。他方、金正恩にはそもそもアメリカ大統領との会談は魅力的だ。核を本気で放棄するつもりがなくても、できるだけお土産を持たせてやろうという気持ちにもなる。

❖二つのアメリカの鏡——日本と北朝鮮

北朝鮮の独裁者たちは、自らのなかに「アメリカ」を取り込むのに必死であり、それはディズニーから核兵器にまで及ぶ。このこだわりを考える上で参考になるのは、かつての日本である。七〇年前、ヘレン・ミアーズは、一九三〇年代から四〇年代にかけて日米が戦争に向かっていく過程での両国の鏡像的な類似を指摘し、また戦争末期におけるアメリカの日本への苛烈な爆撃が、いかに日本の力を誇大な仕方で悪魔化した結果であったかを示した。

一九三〇年代後半、日本滞在中のミアーズは、この国の「ヒステリー症状が異常に高ぶっていた」のを目撃する。「日本は非友好諸国に「包囲されて」いる。欧米列強の狙いは、わが神聖な島々を封鎖あるいは爆撃し、アジアの同胞と「有色植民地住民」を欧米の搾取から解放しようとする日本の努力を妨害する」と、さかんに喧伝されていた。驚いたことに、日本人はこれらを本気で信じているようであった。しかも「私が話したすべての人が同じ考えをもっていることを知って愕然とした。日本人の頭に詰まっているのは脳ではなく、同じレコードを繰り返す蓄音機だった」(『アメリカの鏡・日本 完全版』角川ソフィア文庫、二〇一五年)。

やがて帰国したミアーズは、そこでアメリカが日本と同じ道をたどっていることに気づく。大統領が非常事態宣言を出すなかで、「国民はラジオ、新聞、演説にあおられ、パニック状態に陥っていった。乱暴にねじ曲げられた歴史記述が、当然の事実として受け入れられた。「民主主義が包囲されている」という呼びかけが、ルーズベルト大統領の印象的な声に乗ってラジオから流れ、リベラル、保守の区別なくすべての新聞に見出しとなって躍った」。まるで、9・11の同時多発テロ後のアメリカである。この時も大多数のアメリカ人が、「警告を当然の事実として受け入れていた」。ミアーズは、アメリカ人も「頭の中にもっているのは脳味噌ではなく蓄音機」なのを発見するのだ。日本人とは異なる曲だが、「信じられないほど多くのアメリカ人が、同じテーマのレコードを聴いていた」(同右)。

したがって問題は、日本人の狂信的な攻撃性にあったのではない。日米が相互に鏡のように相手との関係を「危機的事態」として定義していくその仕方が、双方の国民を戦争に向かわせたのである。とりわけパールハーバー以降、アメリカは日本が巨大であるかのような虚像を作り上げ、この「世界の脅威」を徹底的に叩かねばならないという使命感に燃えていった。ミアーズの言葉を借りるなら、アメリカには「正体不明なものの脅威を妄想して、人命と財産を浪費しつづける」傾向がある。日本との力の差が歴然とあったのに、日本の軍事力を過大に評価し、これを打ちのめすのに米軍は全力を挙げなければならないと信じ込んでいったのだ。

それがもたらしたのは、一九四五年三月から八月までの東京、沖縄、広島、長崎をはじめ、日本の諸地域への苛烈な無差別爆撃だった。すでに一九四四年夏以前に、「もはや日本の海軍と空軍はささやかな抵抗しかできなくなっていた。日本陸軍の主力部隊は後方基地と補給拠点から切り離され、ゲリラ集団と化していた。一九四四年四月三日付のニューヨーク・タイムズは、米軍は南・南西両太平洋地域で少なくとも十万の日本軍部隊を封じ込め、「日本兵は弾薬が尽きるまで戦うか、ジャングル深く逃げ込んで飢えて死ぬか、病死するかの絶望的な状況に追い込まれている」と伝えた」(同右)。戦争の帰趨はもう明らかで、降伏は時間の問題だった。

日本軍は、米軍が大規模爆撃を始める以前にすでに敗北し、わずかな防衛力を残すだけとなっていた。しかしアメリカは、攻撃の手を緩めるどころか徹底的に日本全土を爆撃した。一九四五年三月の東京大空襲、四月からの沖縄戦、そして広島と長崎への原爆投下――それらはもう勝利が確定している戦いで、日本全土を焼き尽くすための大量殺戮であった。

そして戦後、焦土と化した日本に残されていたのは、圧倒的に優越する他者であるアメリカに限りなく自らを同一化させていく道であった。日本はアメリカをひたすら模倣することによって、今度は願望としてアメリカの鏡になろうとした。そこではなぜ、戦争末期の大量殺戮が生じたのか、それをなぜ防げなかったのかを問うことは封じられた。天皇の「玉音放送」により、また天皇とマッカーサー元帥の親密なる会見により、日本は凶暴なる軍国主義者たちの支配から解放されたのであり、戦後日本の未来は、アメリカをすべての国民が抱擁し、これと一体化することによってこそ開かれるはずであった。

しかしアメリカ側から眺めるならば、一九四五年に日本で始まった大規模な空爆は、その後の朝鮮戦争やベトナム戦争で繰り返される攻撃の原型だった。そしてこの激烈な空爆が、やがて北朝鮮に兵営国家を生んでいくのだ。ブルース・カミングスは、朝鮮戦争での米軍空爆の「桁外れの破壊力」に注意を喚起する。すなわち、「焼夷弾の広範囲かつ継続的な使用に始まり、核兵器や化学兵器を使用する一歩手前の段階で、戦争末期には巨大なダムを破壊するといったように、米国は盛んに空爆を行なった」(カミングス、前掲書)。

たとえば、一九五〇年七月三一日に行われた工業都市興南《フンナム》の空爆では雲の上から五〇〇トンの爆弾が投下され、地上で燃え上がった炎は高さ六〇～九〇メートルに達した。まさに五年前の東京大空襲を思い起こさせる。八月末の時点で、B29の編隊は毎日八〇〇トンの爆弾を北朝鮮に投下しており、一九五〇年六月から一〇月末までに米軍が投下した焼夷弾は三二八万一六二六リットルに達した。さらにその後、中国が参戦すると米軍の北朝鮮への空爆は激しさを増し、マッカーサーは前線と中国国境との間に不毛地帯を作りだせと命令していく。数千平方キロメートルにわたり、軍事施設はもちろん、工場、市街、集落のすべてを破壊し尽くせ、というのが命令の内容だった。こうしてたとえば同年一一月八日には、七九機のB29が五五〇トンの焼夷弾を新義州に投下し、同市を「地図の上から抹消した」(同右)。

つまり、アメリカの軍事行動として見れば、日米戦争末期から朝鮮戦争まで、空爆の態勢や原爆使用(の可能性)、全作戦を指揮する総司令官も含め、すべてが連続的だった。日本と北朝鮮は、やがてはベトナム戦争からイラク戦争に至るアメリカの空からの猛襲を最初に受けた二国だった。だがもちろん、その後の二国は、それぞれまったく異なる仕方でこの攻撃を内面化していくこととなる。もちろん、この違いにも明白な理由がある。一方の日本は、脱軍事化されつつ旧帝国としての地位を保証されてアメリカの核の傘の下に入り、「日米同盟」の名のもとに徹底してアメリカを抱擁し続けた。

他方の北朝鮮では、休戦はなされるものの戦争状態が正式には終わらずに半世紀以上が過ぎる。今日、北朝鮮を考える上で最も重要なのは、戦争がまだ終わっていないという事実である。一九五三年七月の休戦協定で戦闘は収まったが、平和条約は締結されておらず、戦争再開の可能性は今も残る。この認識は北朝鮮では根本的であり、それが核開発から拉致まで、自らの行為を諸外国とは異なるリアリティの地平で解釈させていく。北朝鮮の人々は、今も「核攻撃を含むあらゆる事態を想定し、いつまた戦争が起きても対処できるように訓練を積んでいる」(同右)。各地に数千か所以上はある地下施設は戦争再開への備えであり、三代にわたる独裁政権は、この継続する戦争状態の効果であり逆ではない。

だから、北朝鮮の体制が、アメリカを敵視し、憎悪し、同時にアメリカから相手にされることを心から熱望し続けることには十分な理由がある。いまだ戦時中の北朝鮮の独裁者たちが核兵器を持つことに熱中するのは、戦争を記憶の外へと追いやった日本の大衆がディズニーランドに行くことに熱中するのと、どこか似ているのかもしれない。アメリカとの「敵対的」な関係は、別の意味での中国との関係と共に、北朝鮮の独裁体制の存続にとって根本のモメントをなしてきた。逆にアメリカ側からするならば、一九三〇年代から四〇年代にかけての日本の軍事主義と一九八〇年代の日本の経済主義は、いずれも誇張的に描かれがちな脅威であった。そして九〇年代以降、イスラム原理主義を別にすれば、北朝鮮こそがその核開発との結びつきにおいて危険きわまりない脅威として誇張される。アメリカもまた、日本や北朝鮮とは異なる意味だが、そのような敵対的な他者を求めてもきたのである。

こうしたアメリカとの歴史的関係のなかで、日本と北朝鮮が対照的な位置づけを与えてきたのが「核」である。広島と長崎で被爆した日本では、「核」は徹底的に忌避される存在となった。一九五四年にビキニ環礁の水爆実験で日本のマグロ漁船が被曝すると激しい原水爆禁止運動が起こり、時を同じくして原爆の恐怖を大衆的なイメージに造型した『ゴジラ』のような映画も生まれた。その後、アイゼンハワー政権が推進した「平和のための原子力」政策、それに呼応した正力松太郎や中曽根康弘らによる原子力開発政策のなかで日本には多くの原子炉が建設されていくが、核兵器に対しては、日本人は戦後一貫して強い拒絶反応を示してきた。

他方、朝鮮戦争でマッカーサーは何度も本気で核爆弾を使おうとし、使用決定の一歩手前まで行ったのだが、幸いにも実際には使われなかった。その後北朝鮮は、自国を「アメリカ並み」の国として認めさせるための切り札として核のシンボリズムを利用していく。北朝鮮にとって、「核」は一種の自爆装置なのだが、あまりにも強大な相手への脅迫手段としては有効に機能する。アメリカとの敵対的関係をぎりぎりまで追求することで地歩を固めてきた金体制にとって、核は崇高なシンボルである。大雑把には、日本は「核を一切持たない」ことを標榜した戦後を生きたが、北朝鮮は「強大な核を持つ」ことを目指した戦中を生きているのだ。

❖核持ち込みとソフトパワー

さて、私は、この文章をかつてエドウィン・O・ライシャワー駐日大使が大使退任の後に建てて住んだ家の、それもライシャワー氏が使っていた書斎で書いている。そのライシャワー氏がこの家に住んでいた頃、彼の発言が日本のメディアを最も騒がせたのは、一九八一年五月、「核持ち込み」についての発言だった。このとき彼は、「毎日新聞」のインタビューに答え、大使在任中、一九六三年に大平正芳外相(当時)とアメリカ艦船の核搭載と日米両政府の「事前協議」の関係について話し合ったことに言及した。この問題に関してライシャワーが大平に示したアメリカ政府の見解は、日米両政府が「事前協議」しなければならない「核持ち込み」とは、核を日本の領土に陸揚げする場合を言うのであり、アメリカ艦船が核を積んで日本領海を通過したり、米海軍基地に寄港したりするだけの場合はこれに当たらないという考えであった。当時、日本政府はこのアメリカ政府の見解に異を唱えなかったが、その一方で国会等の答弁では、「核を持ち込ませない」とは、核を積んだアメリカ艦船の寄港も認めないことだと説明してきた。明らかな矛盾だが、アメリカ側は軍事的理由、日本側は世論上の観点から、互いに矛盾を詰めることはしないという曖昧な方法でやり過ごしてきた。

当然、矛盾は明白だから、度々問題として取り上げられてきた。ライシャワー発言以前、最も大きな騒ぎが日本で起きたのは一九七四年、ジーン・ラロック退役米海軍少将がアメリカ連邦議会で証言した時で、彼は、米海軍では核兵器を運搬する能力のあるあらゆる艦船は核を搭載しており、その艦船が日本に寄港する時にだけ核を降ろすなどということはないと明確に語った。米議会にとっては当然の話だったが、それが公式に語られたので、空母ミッドウェイの横須賀寄港で揺れていた当時の日本では大きな騒ぎとなった。

この問題の核心は、日米の明らかな解釈のずれに言及することを避け、「事前協議を受けていないのだから核は持ち込まれていない」と繰り返した日本政府の欺瞞にあった。政治家たちは、アメリカと正面から対決するのを避け、同時に国内世論とも正面から対話しなかった。彼らは言葉の上で辻褄を合わせていれば、いずれメディアは騒ぎを忘れるだろうとタカをくくり、実際にその通りだった。たしかに波多野澄雄が外交記録に基づき検証したように、外務省の担当官は、何度もこの不一致を問題視し、「持ち込み」の概念をより明確にしようと努力した。しかし、それらの官僚的努力は結局、世論の反応を気にする政治家たちや政府によって曖昧にやり過ごされた（『歴史としての日米安保条約』岩波書店、二〇一〇年）。

一九八一年のライシャワー発言は、内容的にはラロック証言と変わりなく、目新しさはなかった。彼は、「すでによく知られていると私が思っていたことを、普通のインタビューで述べたに過ぎない」と考えていた（「朝日新聞」一九八一年五月三一日）。常識的に考えれば、核を搭載できるアメリカ艦船が日本領海に入る時だけ装備を変更するのは非現実的である。だから彼は、「軍事専門家なら当然と思う事実を言っただけ」だった。むしろ問題は、「日本政府が二十年間というもの日本領海に入るアメリカ艦艇があたかも核兵器を積んでいないかのように国民に説明し、実情を糊塗し続けてきたこと」にあった（『ライシャワー自伝』）。

目新しさはないにもかかわらず、彼の発言が大きな波紋を呼んだのは、発言の主がライシャワーだったからということも作用していただろう。一九六〇年代以来、ライシャワー駐日大使のイメージは、戦後日米関係の蜜月を象徴するものとして刻印されてきた。ところがそのライシャワー自身が、核を搭載したアメリカ艦船が日本に寄港し続けていたことを認めたのだから、日本人には衝撃を与えたのである。

ライシャワー発言を受け、澤地久枝は、「非核三原則についても、歴代首相は「死んでも守る」などとこけおどしの答弁を続けてきたが、沖縄や岩国に核とう載機が来ていないなどということは、常識では考えられない。今回のライシャワー発言は、外国の手でわれわれの目の前に下がっていたベールのすそがまくれたようなものだ。政府は国民に対してはウソをつき通す。国民はまっ赤なウソにだまされ続けている」と語った(「朝日新聞」一九八一年五月一八日)。

澤地はそうは語っていないが、私は日本の国民もまたそのように「だまされ続ける」ことを望んでいたのであり、自民党の政治家たちは、その国民の心情をよく理解していたのだと思う。繰り返されていたのは、いわば政府と国民が共謀した「核隠しごっこ」であり、後に福島原発事故でその危うさが露呈する原子力安全神話と同様、「日本国内には(港も含め)核兵器は一切ない」という神話的前提が、「被爆国」の国民を安心させていたのだ。この神話の政民での共作は、「我が国の核兵器はアメリカ並みだ」というまったく逆の、しかし同じくらい非現実的な北朝鮮の神話と同じくらいに危うい。

だが、まだ疑問が残る。ライシャワーは、彼が自明と思っていたことを一九八一年に語り、大きな波紋を呼んだ。しかし、彼は大使として、このことを六〇年代初頭から知っていた。だから彼は、日米の認識のずれを大平外相に説明し、日本政府に対処を求めたのだ。しかし彼は、一九六〇、七〇年代にはこのことを公には語っていない。大使在任中は公人の守秘義務があったから、知っていても語れないことはいくらでもあったはずで、これもその一つであったろう。しかしそれ以上に、ライシャワーにとって「核」と「沖縄」は、重大な関心を抱きながらも、扱うのが難しいテーマだったのではないか。それはある意味で、日米両政府からライシャワーに期待されていた役割をやや超える面を含んでいた。

そもそもライシャワーは、自分がケネディ外交で駐日大使に選ばれた理由をほぼ完全に理解していた。一言でいうならば、アイゼンハワーの文化外交は、「平和のための原子力」に示されるように、アメリカの考え方を世界に行き渡らせるものだった。これに対してケネディ政権は、経済学者のジョン・ケネス・ガルブレイスを駐インド大使に、政治学者のジョージ・ケナンを駐ユーゴスラヴィア大使に任用するなど、知識人に活躍の場を与え、相手国の社会文化的文脈を最大限利用しようとした。そこにあったのは、アイゼンハワーの送り手中心の文化外交から、ケネディのより受け手の文脈を意識した文化外交への転換である。アメリカの世界戦略が、プロパガンダとは異なる意味でのソフトパワーを意識し始めた瞬間だった。ケネディが駐日大使選任で打ち出した方針は、①任地の国をよく理解していること、②米国の考えを押し付けないこと、③任地で過去に問題のある関係を持っていないこと、④考えがしっかりしていること、などである。ライシャワーの駐日大使登用は、この方針が大成功した例となる。

ケネディ政権がなぜ、そうした文化外交戦略の転換を必要としたかの理由は明らかだ。ライシャワー大使誕生は、一九六〇年に全国に燃え広がった反安保闘争、そしてアイゼンハワー大統領訪日阻止の動きで生じたハガティ事件と密接に関係している。これらは日本における反米感情の盛り上がりとして理解され、アメリカ政府を大いに不安にさせた。彼らとしては、日本での反米政権成立は何としても防ぐ必要があった。強制ではなく自発によって、日本人の間に親米意識を再構築しなければならないという認識が急速に高まった。

これを実現できるのは、尊大なダグラス・マッカーサー二世夫妻のような前任者ではなかった。日本を熟知しており、政治的なバランス感覚や誠実さがあり、しかも夫人が日本の上流階級出身でもあったライシャワーは、あらゆる面でこの新たな任務にとって理想的だった。実際、ライシャワーの大使退任の際の「朝日新聞」社説は、戦後的な形での日米の「対話」は、ライシャワーをもって初めて始まったと評価した。彼以前にも何人かのアメリカ大使が日本に駐在したが、「対話といえるほどのものは、日米間に存在していなかった」。そもそも占領期を通じ、アメリカが「命令を一方的に下し、(それを日本が)受けることになれていた日米関係は、サンフランシスコ条約によって日本が形式的に独立を回復した後も、占領時代の心理的状況からなお脱却しきれなかった」(「朝日新聞」一九六六年七月二七日)。戦後の駐日アメリカ大使のなかで、ライシャワーは日本人の言うことに真剣に耳を傾け、それをアメリカ政府にも伝えようと本気で努力した初めての大使だったという。

実際、大使としての五年間で、彼は数百回以上の講演を行い、三九の都道府県をめぐった。さらに返還前の沖縄も訪れているから、実質では四〇の都道府県を廻ったというべきかもしれない。面会した日本人の数は数万人に上るという。私が住んだ旧ライシャワー邸の記念室にも、当時、彼が訪れた地方で撮影された数多くの記念アルバムが残されていた(これらは現在、ハーバード大学ライシャワー日本研究所に寄贈されている)。当時の新聞は、ライシャワーの徹底した対話作戦を「宣教師」に擬《なぞら》えた。この姿勢は、本当の宣教師だった父親から彼が受け継いだ本性のようなものだったが、「宣教」の内容は、「共産主義と中立主義を熱心に攻撃し、日本人に「大国としての自覚」を求める」ものだった(「朝日新聞」一九六六年七月二六日)。

ライシャワーはしたがって、彼の人生がそうであったように、最初から中間的な位置にいた。彼に期待されたのは、単に日本政府に核を搭載したアメリカ艦船の寄港を認めさせることではなかった。同時に、彼には日本がなぜ「核持ち込み」をかくまで忌避するのかをアメリカに理解させる役割も期待されていた。ライシャワーは誠実にアメリカ政府に日本の立場を説明し、自分が日米の懸け橋になろうとした。彼の観点からするならば、日本人が「核」に敏感になるのには理由があり、アメリカはそれに配慮すべきである。しかし、冷戦体制下ではアメリカの「核の傘」こそが日本を軍事的に共産圏から守るのであり、核を搭載した艦船の寄港を日本政府が曖昧に隠し続けるのは著しく不誠実なことに思われた。

❖近代化論と「冷戦」の内と外

ライシャワーが一貫して批判的だったのは、戦後、アメリカの占領政策こそが日本人を圧政から解放し、民主化に導いたとする通念だった。この通念は、アメリカの政治家や一般人のみならず、多くの日本人にも共有されていた。だからある者にとってアメリカは解放者であり、目指すべきモデルであったし、他の者にとっては伝統的な日本の文化を失わせた張本人なのである。しかしライシャワーには、日本はそもそも戦前から十分に近代化した社会であったし、その基盤は明治以前、すでに江戸時代から萌芽しており、明治・大正の日本の政治エリートたちは、同時代の欧米と同じようにその萌芽を立派に近代国家に育てていたという確信があった。戦後の日本人は、自らの社会のそもそもの近代性を忘れ、過度に自己否定的になっているとしか思えなかった。彼の立場からするならば、一九三〇、四〇年代の戦争に向かった時代は特殊な時代であり、それをもって幕末から明治・大正までの日本を否定すべきではない。日本人は「アメリカ」を我先に導入しようとするよりも、江戸時代まで遡るおのれ自身の近代性にもっと自覚的であるべきだ、そう彼は考えていた。

ライシャワーは同時代のW・W・ロストウ等と同様、反共リベラリズムの流れのなかで「近代化論」と総称されていく立場を主張した最初の一人である。知られるように、このイデオロギー的立場は、一九六〇年代以降、マルクス主義に対抗して日本のアカデミズムのなかで徐々に影響を拡大させていく。この歴史観の眼目は、日本の封建制のなかに近代化の萌芽を求めるもので、マックス・ウェーバーがかつて論じたように、西欧と日本に長く発達した封建社会は、中国や西アジアに広く見られた専制君主制よりも、近代的法概念の形成や目的志向的な行動倫理の優越といった点で、はるかに近代化のモメントを内在的に発生させやすい土壌であったと認識していた。「独裁」よりも「封建」のほうが、はるかに近代的なのである。

ライシャワーはこの考えを、駐日大使になる以前から一貫して持っていた。一九六〇年に彼がハーバード大学燕京研究所所長として開いた箱根会議には、日本からも丸山眞男、高坂正顕、大来佐武郎、猪木正道等の錚々たる学者が参加し、徳川時代の制度、教育、官僚制、労働倫理、リーダーシップ等の観点から日本の近代化の再評価がなされた。この会議は、日本を異質な「他者」として記述するアメリカの人類学者たちの視点とも、また戦争に至った日本を資本主義の展開において捉えるマルクス主義者たちの視点とも異なる第三の立場が形成されていく契機となった。日本の近代化を積極的に肯定するライシャワーらの立場は、「日本の知識人たちの自尊心を大いに慰撫」し、「「ケネディ・ライシャワー路線」と呼ばれる資本主義経済の発展を支援するアメリカの日本政策の前提となり、それをうやうやしく受諾する日本の官僚にも共有され」てもいった(逆井聡人「皮膜としての「民衆」」『建築討論』二〇一八年)。

たしかにライシャワーによる日本近代の積極的評価は、彼の時代、アメリカ政府高官に支配的だった日本を遅れた封建的他者とする尊大さに冷や水を浴びせ、同時に自国の「戦前」を否定的にしか語れなくなった日本人の論調にも疑問符を付すという効果を持った。だがそれは必然的に、アジアのなかで特殊に近代的な国として日本を特権化し、この国がその近代性において近隣諸国にしてきた侵略行為を免罪するという裏面の効果を内包していた。

ライシャワーの議論では、戦前の日本も欧米と同じように近代国家であったことが肯定的に評価され、その近代国家が内包した植民地主義や差別、内部の亀裂と抗争は看過されがちとなる。さらに、その帝国主義的拡張が、やがてその帰結として悲惨な戦争を導いた点も免罪されてしまう。彼は戦後日本のアメリカとの親和性を、占領政策の効果としてではなく、日本の内発的な近代性によって理解したが、決して日本とアメリカが共通に内包していた帝国性からは理解しなかった。この近代への批判の欠如が、やがてリンドン・ジョンソン政権が無謀にエスカレートさせていくベトナム戦争に対し、はっきりＮＯを言うことを困難にさせもした。

ベトナム戦争だけではない。ライシャワーは、その対話路線の圧倒的成功の一方で、「核持ち込み」の一件を含め、軍事面では日米関係に大きな変化をもたらしていない。彼は大使在任中、事前協議では日本政府の欺瞞を黙認し、東京オリンピック開催に際しては代々木のワシントンハイツ返還に貢献し、沖縄はいずれ返還されるべきとの認識をアメリカ側に醸成した。つまり彼は、一貫して日本社会のなかでアメリカの軍事的な影が薄くなるよう努力を続けた。「暴力」のアメリカが前面に出ることは、必ずや日米間の対話に悪影響をもたらすと考えていたからだ。逆に言えば、日米関係が根本において暴力の問題を内包すること、また日本とアジアの間にも同じ問題が存在することを、彼は背景化し続けた。

結局、ライシャワーの達成も限界も、アジア太平洋地域の冷戦構造という大枠に依存していた。彼は、アメリカがアジア諸国とパートナーシップを営んでいく上で、軍事的関係を前面に出すことを避けた。同時に彼は、東アジア諸国のナショナリズムを擁護もしていた。日本の近代化の達成はアメリカのおかげなどではなく日本の内発的な歴史によるのであり、六〇年の反安保は、共産主義の策動によるのではなく、戦後日本のナショナリズムが米軍基地の存在に違和を唱えた結果だった。ベトナム戦争も、ベトナム人が共産主義者だからではなく、彼らがナショナリストだから終わらないのだ(ジョージ・R・パッカード『ライシャワーの昭和史』講談社、二〇〇九年)。これらのことを彼は十分に理解していたにもかかわらず、おそらく政治的未練から駐日大使を続け、泥沼化するベトナム戦争にずるずると関与し続けた。

「ケネディ＝ライシャワー路線」として語られた日米蜜月の限界は、この「冷戦」という大枠が揺らぐときに露わとなる。そしてそれは、意外に早くやってきた。一九七一年、リチャード・ニクソンが訪中を発表した時、明らかに異なる歴史が始まったのだ。ライシャワーはこの時、「ニクソンは中国を訪問すべきではない。……これは日本を含めて各国に大きな害を与える」と語っていた。ニクソンの中国への旅は、「人目を奪うニュース・ストーリーにすぎない」としたのである(「朝日新聞」一九七二年二月二一日)。だが、ニクソン訪中はそれ以上の何かだった。この外交政策の大転換において日本は完全にカヤの外に置かれていた。ライシャワーはアメリカのアジア政策では米日関係が主軸と考えていたが、「ニクソン＝キッシンジャー路線」からすれば、日本も中国もソ連も、利害を計算しながら選択する項にすぎなかった。

このニクソン訪中を境として、東アジアでは「冷戦」が絶対的条件ではなくなった。トップ外交は、功利的な観点から選択の自由を求める。このときニクソンは毛沢東を選び、日本の位置づけも変化した。日本政府はいとも容易に米大統領に裏切られたことに衝撃を受け、さりとて独自外交の追求もできず、やがて大統領との絆をもっと強いものにしようと必死になった。今回のトランプ大統領と金正恩委員長の直接会談は、この半世紀近く前のニクソン訪中を思い起こさせる。今回も日本はカヤの外である。このようにアメリカが「冷戦」とは異なる思考でアジアとの関係を構築していくとき、日本はいつもその居場所を失ってきた。

言うまでもなく、「核」は究極の暴力である。抵抗する一瞬の隙も与えず、相手を徹底的に消滅させ、その大地を不毛の地にする。ライシャワーは、そのような暴力によるアメリカのヘゲモニーの限界が露わになったとき、彼自身が一種のソフトパワーになるべく日米関係に投入された人物である。彼の役割は、「暴力」としてのアメリカではなく「対話」としてのアメリカであり、彼はそれを全力で演じた。そして六〇年代の日本人は、その彼を熱烈に歓迎した。しかし、この対話路線は、その外側に広がるもっと荒々しい、むき出しの暴力がぶつかりあう戦争状態が、戦後の世界において続いていることを不問に付していた。ライシャワーにとってそれらは所与であり、この問題こそが戦後世界の根本の問いだとは考えなかった。

日本がアメリカの鏡であったのは、ミアーズが指摘した戦争への総動員体制の類似だけではない。二〇世紀初頭の日本とアメリカは、その実力に極端な差があったとはいえ、共に太平洋を挟んで拡張する帝国であった。つまりこの鏡は、帝国間の鏡である。戦後、日本の崩壊によりこの鏡像関係は消える。しかし日本が総崩れとなって生じた東アジアの空白に、様々なポスト帝国的秩序が簇生した。北朝鮮の兵営国家化は、直接的には朝鮮戦争が原因だが、より長い目では日本の植民地支配に遠因がある。独裁は、戦争や経済の崩壊、国内の混乱と相性が良く、そうした絶望的な状況から養分を得る。北朝鮮は、日本の植民地支配においても、朝鮮戦争の継続においても、まさにそうした状況に長く置かれてきた。そしてアメリカは、まるで独裁者のようにふるまいたがる大統領の登場により、少なくともトップのレベルでは北朝鮮の指導者と似た者同士となった。この二人の大舞台での対話を、私たちはもうすぐ目にする。

「核」と「ソフトパワー」は現代世界におけるアメリカの力の二つの源泉である。アメリカのソフトパワーを特権階級がそっと抱擁することしかできない北朝鮮は、核をアメリカと同じように持つことで、背伸びをしながらアメリカに敵対する。他方、核兵器が忌避され、米軍基地も本土では巧妙に背景化されてきた日本では、暴力の影を視界の外に置きつつアメリカのソフトパワーが消費され続けた。日本列島と朝鮮半島は、大日本帝国崩壊から朝鮮戦争へと向かった歴史の爪痕を解決できていないだけではない。この地域には、「核」と「ソフトパワー」という帝国的権力の根幹をなす二つの影が複雑に重層しているのである。

後日談　米朝会談という演技

二〇一八年六月一二日、米朝会談は実現した。実現はしたが、その実質的な成果は、核抑止という観点では何もなかった。アメリカは、交渉の最大のポイントだったはずの「完全かつ検証可能で不可逆的な非核化」という文言を共同声明に盛り込めなかった。これはつまり、北朝鮮が主張してきた段階的な非核化をなし崩し的に認めた形になる。期限も定められなかったから、北朝鮮は徐々に自分のペースで核を減らしていけばよく、事実上、新たな開発はしないという以上の拘束は受けないに近い。しかも、トランプは米韓合同軍事演習の中止や将来的な在韓米軍削減の意向も示したので、アメリカが北朝鮮の主張をほぼ丸のみする結果となった。

会談前、日本政府関係者は「極めて複雑な過程や専門用語が絡む非核化の問題をどこまで理解しているのか。万全の準備で臨むであろう金正恩氏に逆に言いくるめられるのでは」と危惧していたが、結果はその通り、さらにオマケつきの交渉結果となった。「交渉＝ディール」としては、どう見てもアメリカの完敗だが、トランプにそんな自覚はまったくないようだ。

そもそもこの二人からすれば、最初から実質的成果はどうでもよかったのかもしれない。トランプは、世界がどうなろうと自分が選挙で勝てればいいと考えている人物だから、拉致問題はおろか、東アジアにおける核の脅威にも本当に関心があるわけではない。世界中が注目するなかで派手なショーの主役を演じ、国内有権者から拍手喝采を浴びられればそれでいい。

実際、彼は会談後、自画自賛のツイッター発信を重ね、帰国後の支持者を前にした集会では大観衆から歓声で迎えられた。質の低いスペクタクルである。「一年半前、誰一人、こんなことが起きるとは思っていなかった。でも、私は金正恩氏とうまくやっている」と、彼はこれまでの大統領と自分の差を強調し、支持者も、トランプは「世界が何たるかを知っている。ひたすら戦い続けてほしい」とか、彼は「外交でも自分のスタイルを貫く。世界が注目するのは当然だ」と称賛した。成果に中身がないとの指摘に支持者は、それは「トランプ氏を嫌いなCNNやABCを見ているからだ」と主要メディアを批判した(「朝日新聞」二〇一八年六月二二日)。アメリカ全体でも、四〇%が完全なる非核化の合意は守られないと思っているにもかかわらず、五一%が米朝会談を支持した。選挙対策としては、成果が得られたわけである。

他方、金正恩のほうは、狙っていた目的をほぼ達成した。会談後、北朝鮮のメディアは金正恩がアメリカ大統領と対等に渡り合う様子を詳しく伝え、「歴史的瞬間を全世界が見守った」と会談の意義を強調した。これによって、北朝鮮内部での金正恩の独裁は大いに安定度を増すだろう。これから金が何よりも向かいたいのは経済開発で、中国や韓国、ロシア等からの資本を呼び込む経済特区開発を本格化させ、北朝鮮経済を高度成長に向かわせるのが最大の目標だ。そしてこの方向への転換を、中国のみならず韓国やロシアも望んでいる。北朝鮮に南と北で接する両国は、北朝鮮のインフラ整備が本格化していけば、国内経済を浮揚させるフロンティアとして活用できる。中国は、ほぼすべて自国の主張が通った会談結果に大満足で、金正恩は習近平体制の中国とますます経済と軍事両面での連携を深めていくことだろう。

つまり、トランプはアメリカ国内の支持者を前に「トランプ大統領、勇敢にも北朝鮮トップと直接交渉」というドラマを演じ、金正恩は北朝鮮国民と同時に中国に向かいアメリカとの交渉をやり遂げた若き指導者を演じた。二つのドラマの本当のテーマは、一方は中間選挙、他方は経済発展で、核廃棄ではなかった。一方の中間選挙は、大きな歴史からすれば些細なことだがトランプにとってはこれこそ一大事である。数か月後の時間幅で結果を出さなくてはならないから、準備なしに前のめりとなった。その前のめりを中国も北朝鮮も冷静に見透かし、金正恩は用意周到、命がけで会談に臨んだから、いかに米朝の国力が雲泥の差でも、ここは真剣さと用意周到さで優る者のペースで話は進む。それでもトランプは虚飾の成果を演じ続け、アメリカ人はそれを信じ続ける。これはたしかに、トランプにしかできない芸当である。

今後、北朝鮮をめぐる情勢は、核や朝鮮戦争の終戦処理、日本の植民地支配や慰安婦、拉致問題など、いくつかの困難な問題を積み残したまま、経済開発を焦点に進んでいくだろう。同時に進行しそうなのは、東アジアにおけるアメリカの覇権の段階的な後退である。トランプは「アメリカ、ファースト」と選挙戦で叫んだが、少なくともアジアではそれと正反対のことが起こる。アジアで「ファースト」の地位をますます確立していくのは、アメリカではなく中国である。中国は、その経済力はもちろん、政治力から知力や軍事力まで、アジアの覇権国家への道を歩んでいる。そのなかで日本はなおアメリカに媚び、すがり続けることにより、ますます存在感を弱めていくかもしれない。二〇世紀を通じ、アメリカは一国であると同時に世界であった。この二重性が、トランプ時代を境に解消されていくかもしれないのである。

終章
NAFTAのメキシコに住む

1993–94

トレードマークとされる覆面をして，パイプをくわえた姿で民衆に囲まれるマルコス副司令官(2001年2月24日，メキシコ・チアパス州にて，ロイター／アフロ)

❖アメリカ化するメキシコシティ

メキシコシティの夜景は美しい。まるで噴火口から溢れだした溶岩が平原全体を覆い尽くすように、無数の電光が果てしなく広がり、見る者を圧倒する。夜、南の郊外にあるクエルナバカ方面から尾根伝いに帰って来ると、ちょうど銀河の海に降り立つような、微かな眩暈《めまい》を覚えずにはいられない。暗闇のなかに広がる無数のきらめきは、この世界最大級の人口を擁する都市の巨大さを目のあたりにさせると同時に、その均質的な色彩によって、表層の風景の背後に蠢くあらゆる差異と切断、重層性を隠している。やがて昼間のメキシコシティは、夜に見せたのとは異なる相貌を露わにする。だがそれでも、大通りを疾走する無数の自動車の洪水も、通り沿いに並ぶスーパーマーケットやファミリーレストランのファサードの画一性も、この都市が互いに分断された形で内包している非等質的な世界のモザイクを隠したままだ。

私が一九九三年九月から翌年四月まで、メキシコシティ郊外にあるエル・コレヒオ・デ・メヒコという大学院大学で教えるために滞在したとき、その最初の印象は、圧倒的な勢いで進行するアメリカ化であった。メキシコシティに住み始めて数週間、私がこの都市でまず目にしたのは、近代の彼方で異文化の時間を息づかせている古代世界でもなければ、貧困にあえぎ、不衛生なスラムが都市を包囲する第三世界の都市でもなかった。むしろそこでの生活は、予想をはるかに超えてモノに溢れていた。街にはポストモダン風のショッピングモールやアメリカ式のスーパーが建ち、その横ではファミリーレストランに客が列をつくっていた。生まれて数か月の赤ん坊を連れていったため、どこでも乳児用品を探し回ることとなったが、外国製のミルクや哺乳瓶、ベビーフードの品揃えは東京に見劣りしなかった。さらに、ファッションから台所用品に至るまで、アメリカ式の消費文化はメキシコシティの日常を覆っていた。

街角を走る無数の自動車。これも黒煙を巻き上げて疾走するポンコツ車の大群といったイメージからは遠く、少なくともこの首都に関する限り、フォードや日産の新車が突然の車線変更や信号無視を繰り返しながらひしめいていた。噂にたがわぬ運転の乱暴さはともかく、道路はよく整備されていて、たとえばメキシコシティを南北に縦断するインスルヘンテスや外縁を廻るペリフェリコのような幹線道路の風景は、ロサンゼルスあたりのハイウェイを走るときとほとんど変わりがないようにも思われた。そして、この二つの幹線道路が南で交わる地点には、とてつもない規模の駐車場を持つアメリカ式の巨大なショッピングモールが建っていた。低層で延々と広がる建物のなかには、大きなデパート四軒と数えきれないほどのブティックや流行の店々が並ぶ。メディアについて見ても、中産階級の多くの家庭にＣＡＴＶが入り、ＣＮＮや国境の北のテレビ・ネットワークがごく日常的に視聴されていた。

もちろん明瞭に階級差があり、アメリカ式の消費文化を享受できるのは中産階級以上に限られている。だが、それでもメキシコの人々の生活に加速度的に浸透しつつあるアメリカの影響は、日本で想像していた域をはるかに超えていた。メキシコ滞在中、何人もが、ここ数年でメキシコシティの街並みがロサンゼルスのようになってきたと言うのを聞いた。たとえばチャプルテペック公園北側のポランコ地区は、「急速に青山通り化し始めた」と日本の新聞は伝える。この地区では、「高級専門店の新規開店が相次いでいる。クリスチャン・ディオール、ニナ・リッチ、ウンガロなどヨーロッパ系高級ブティック、アメリカのアパレルメーカー、エスプリ、靴のフット・ロッカーなどが気取った装いの店を並べている。……売っている商品の値段はロサンゼルスなどと変わらない。例えば、アイスクリームのハーゲン・ダッツが進出しているが、一杯のカプチーノが六新ペソ(二ドル弱、当時)する。それでも昼食時になると、ビジネスマン風の若い男性やＯＬらで店内は結構混んでくる」(『日本経済新聞』一九九三年九月一六日夕刊)。

間違いなく、今日のメキシコシティを特徴づける最大の傾向の一つは、アメリカの文化的、経済的影響の増大である。この傾向は、八六年にメキシコがＧＡＴＴに加盟し、ＰＲＩ(制度的革命党）のサリナス・デ・ゴルタリが八八年に大統領当選を果たし、新自由主義の経済政策を積極的に推進し始めて以来、加速されてきた。墨米間の関税が引き下げられるなかで、八六年から九二年までにアメリカの対メキシコ輸出は約六倍に増え、メキシコはアメリカにとって日本以上の得意先となった。他方、メキシコの方も輸出の約七割を対米輸出に依存しており、その額は八六年から九二年までに四倍近くに増大してきた（"Riesgos y Beneficios del TLC", *Macropolis*, No. 87, 1993）。この間、アメリカ資本のメキシコ進出も増加し、メキシコは貿易収支の赤字を資本収支の黒字で補うことによって八〇年代前半の経済的破産状態から脱出した。このような両国経済の統合化は、とりわけ国境地帯では顕著であった。すでに八〇年代末から安い労働力を期待してメキシコ北部へのアメリカ企業の進出が続き、これらメキシコ側の諸都市とテキサスやカリフォルニアの諸都市の間には国境を越えた経済圏が形成されてきた。

しかもこうした動きは、一九九三年一一月にメキシコがＮＡＦＴＡ（北米自由貿易協定）に加盟したことで倍加するとされていた。この加盟により、米墨間の関税は、即時、五年、一〇年の三段階にわたって引き下げられる。それはやがて、北米大陸に人口三億七〇〇〇万人、ＧＤＰ六兆五〇〇〇億ドルの巨大な自由貿易市場が誕生することを意味していた。この流れに乗り、アメリカの大手自動車メーカーはメキシコでの工場建設を進め、九四年以降の大幅な輸出拡大を目論んでいた。また、九〇年代に入って本格化したパソコンの輸出でも、関税が九一年には四〇％から二〇％へ、そして九四年以降は漸次ゼロになるという見通しのなかでアメリカ企業が熱いまなざしを注いでいた（「日本経済新聞」一九九三年一二月二三日）。ＮＡＦＴＡ加盟は、膨大な貿易赤字と若年層の過剰労働人口に示されるメキシコ経済の危機を、大量のアメリカ資本導入によって埋め合わせようとするサリナス政権の政策の総決算だった。

❖コヨアカンの二つの貌

これらの認識はしかし、メキシコシティでの生活を通じ、少しずつ崩れ去っていった。たとえば、私たち家族は、メキシコシティ南部のコヨアカン地区のはずれにフラット型のアパートを見つけて住み始めた。この地区は、メキシコシティのなかでも独特の情緒と歴史性を備えた場所である。ここに長く住むバイオリニストの黒沼ユリ子は、「コヨアカン」という地名には、メキシコ人にとって「あたかも自分の幼少時代を思い出す、なつかしさがこもっている」と述べた（『メキシコの輝き』岩波新書、一九八九年）。もともとアステカ帝国の都テノチティトランを囲む湖テスココの南岸に位置したコヨアカンには、一五世紀までトルテカ族の集落が広がっていた。そこに住む人々は、アステカに従属しながらも独立意識を保ち、コルテス侵攻にあたっては反アステカ側について征服者に協力する。そして征服者も、アステカ制圧後にコヨアカンに居を構えて新大陸の支配を確立していくのである。今日でも、この地区中央の広場付近には、一六世紀半ばに建てられた見事な教会やスペイン風の建築が並ぶ。こうした意味では、コヨアカンは、メキシコのなかでもスペイン文化が最初に根づいた場所の一つだった。

コヨアカンは、メキシコシティの「原宿」でもあった。この地名の語源とされるコヨーテたちの像の噴水を囲んだ中央の広場には、週末になるとアクセサリーや民芸品を売る若者たちの露店がひしめくだけでなく、毎週のようにコンサートや集会が開かれ、多くの若者や観光客が集まって、まるで東京の「表参道」さながらの雰囲気が醸しだされていた。広場の周辺には、タコスやケサディージャ、ポソレといったメキシコ料理をスタンドで食べさせる店と、最新流行のCDやファッションを売る店、アンティーク・ショップ、カフェが混在していた。

場所柄から察せられるように、私たちが借りたアパートも、メキシコシティの平均的な住宅水準からするならば恵まれたものだった。ところがこの家が、やがて次々に些細なトラブルに見舞われることになる。まず、電話が壊れて一週間ほど全然使えなくなったのを皮切りに、翌週には水が突然止まってしまい、その後も断水状態が繰り返された。さらにその翌週の夜には、家のなかの照明が次第に薄暗くなったかと思うと、ほとんど蠟燭の火ほどの細さになってしまった。どうやらどこかで誰かが盗電しているらしいとのことであった。メキシコにはこうした盗電のプロがたくさんいるそうである。数週間後、今度は新品同様のテレビが突然、煙を出して壊れてしまった。原因は、電力会社が突然、規格を大きく超える電圧の電流を流してしまったことにあるらしい。年末には、電話会社が突然、私の住んでいる地域の電話番号を変更する。因みにメキシコでは、公衆電話はほとんど壊れていると考えた方がいいだけでなく、間違い電話の数が実に多く、正しい番号をかけてもその番号には繋がらないことも少なくない。

そんな日常のトラブルが頻発していた頃、私はコヨアカンにも、前述のコロニアルでスノッブな街並みとはまったく異なる世界が、私たちの家のすぐ近くから始まっていたことに気づいていった。ある日、私は家のすぐ南を走るミゲル・アンヘル・デ・ケベドという大通りの反対側から楽しそうな音楽が聞こえてきたので、通りを南に渡って音楽の聞こえてくる方向に歩いてみることにした。するとそこには、それほど広くはない通りに移動遊園地がやって来ていて、遊戯機械の周りにちょうど日本の縁日のような具合で駄菓子屋が立ち並び、若い男女や子ども連れの家族でいっぱいだったのである。ここに集まっていた人々は、ポランコ地区あたりで見かけるスペイン系の血がいかにも濃そうなエリートとはもちろん、ケベド大通りの北を歩く中産階級の人々とも明らかに異なっていた。ファッショナブルで若者好みのコヨアカンとはまったく異なる、むしろ土着的で宗教的とも見える閉じた世界が広がっていた。

私はその後も度々、このケベド大通りを南に越えた一帯を歩き回った。そこは細く曲がりくねった道が迷路のように入り組んでいて、多くは行き止まりだった。私は様々なルートを探ってみたが、全然違う方角に行こうとしても、いつも同じ教会の中庭に出てきてしまうことが何度もあった。路地に沿って、数年前まではまったくの掘立て小屋であったろう質素なバラックが並んでいた。石を積み上げて塀にしているのだが、大概はどこかが壊れており、塀の体をなしているのは一部であった。路上や塀の上には目つきの悪い犬がごろごろしており、異邦人の私に睨みをきかせていた。塀の奥にはコンクリートの上にトタンを載せただけのバラックが雑然と建ち、軒先には洗濯物が干され、その横にはドラム缶が数本並べられていた。

よく出会ったのは、路地の入口で停車したゴミ運搬車と、その横で両手いっぱいのゴミを抱えながら待つ住民たちの長い列であった。やがて次々に路地からゴミを抱えた人々が現れ、トラックの上で男たちがゴミの山をうずたかく積み上げていた。また、この一帯の生活リズムが見えてくるのは、聖人たちの祭礼の時であった。たとえば一二月一二日のグアダルーペの聖母の祭りの日には、聖母像の額を台の上に載せて神輿のように担ぎ、路地から路地へと練り歩く人々の行列に出会った。彼らはトランペットや太鼓を手にして音楽を奏でながら進み、一人はひっきりなしに爆竹のような花火を打ち上げていた。この音楽や花火につられ、聖人を祭る住民たちのパレードは、次第に長くなりながら地区を一周して教会の前にたどりついた。

やがて私は、この一帯が私有地の不法占拠によって生まれた「コロニア・パラカイディスタ」(パラカイディスタは落下傘部隊の意味)と呼ばれる地区の一つであること、しかもワイン・A・コーネリウスによるメキシコシティの都市流入民についての古典的研究に出てくる「コロニア・ヌエバ」に当たるらしいことを知った。コーネリウスによれば、コロニア・ヌエバは次のようにして誕生した。一九六八年一月のある夜明け、五人のタクシー運転手とその家族が、それまで近隣の住民がゴミ捨て場としていた土地をこっそり占拠した。最初の占拠が成功すると、翌々日までに占拠者は一〇〇家族ほどに増えていた。集団占拠にショックを受けた地主たちは、警察を使って占拠者を排除しようとした。警察は掘立て小屋を取り壊し、一二家族の世帯主を逮捕したが、占拠者たちはすぐに新しい小屋を建て直した。地主たちは、警察が占拠民を排除するのに役に立たないことを知ると、人を雇って占拠地区の各所に放火させるという無謀な実力行使に出た。その結果、二人の大人と五人の子どもが焼け死ぬ惨事となる。

この事件はマスコミに大きく取り上げられ、政府に残忍な地主から可哀相な占拠民を守る役割を演ずる機会を提供する。政府は家を二重に奪われた人々に食料や衣服を与え、バラックを再建する資材までも提供した。翌年末には土地は政府に接収され、占拠民に売り渡された。一九七二年には、コロニア・ヌエバの人口は一八〇〇人ほどになり、小学校が建てられ、電気や水道もひかれ、掘立て小屋もブロック造りの家々に変わった(Wayne A. Cornelius, *Politics and the Migrant Poor in Mexico City*, Stanford University Press, 1975)。

ここにはメキシコの政治が様々な場面で見せてきた「演技」のパターンがよく表れている。実際、コーネリウスがコロニア・ヌエバに注目したのも、それがメキシコ政府と都市下層の間に交わされる駆け引きを示す典型例の一つだからである。彼は、コミュニティこそが、中南米の都市では流入民を政治的に社会化していく最も基本的な装置なのだと指摘する。なぜなら、それらの都市では、流入した人々がすぐに工場や商店の定職にありつく可能性はほとんどない。多くの場合、彼らは一時的で流動的な職を転々とする運命にある。そのため、労働組合や職場での組織的な関係は一時的にしか影響力を持たないのである。もしも流入したのが子どもなら、学校がコミュニティとは別の次元から影響を及ぼすかもしれない。だが、年長者の場合、そうした影響も考えられない。むしろコミュニティこそが、流入した下層民に都市生活に適応していく仕方を教え、彼らに政治的な役割を与えていくのだ(Cornelius, ibid.)。

❖ネサワルコヨトルと「占拠」の政治

こうした地域の異質的な構成は、メキシコシティが歩んできた集中と拡大、分化の一つの現れにすぎない。メキシコシティの前身はアステカ帝国の都テノチティトランである。コルテスによる征服後、スペイン人たちは、アステカの神殿と宗教は徹底的に破壊しながらも、帝国の統治機構の一部は引き継いで、遷都をせずに同じ都から支配体制を確立していった。とはいえ、一九世紀初めまで、カトリック教会の強い影響力下に置かれていたヌエバ・エスパーニャの支配秩序はきわめて分権的で、権力や資本、人口の首都への集中は弱かった。

ようやく一八七〇年代、ポルフィリオ・ディアスが独裁権力を確立していくなかで、首都に求心化する近代国家の体制が形作られていった。この時代、外国資本を導入して次々と建設されていった鉄道は、同時に廃止された州際関税とともに、それまで分断されていた地方市場の全国市場への統合を促進した。そして、こうした権力と市場の集中化と並行して、首都における公共施設の建設も進んだ。国立芸術院や独立記念塔などのモニュメンタルな建築が建てられ、レフォルマ大通り沿いには西に向けて上流階級向けの住宅地が開発されていった。

ディアス時代に進んだ首都の膨張はしかし、一九四〇年代から始まる爆発的な人口拡大からするならば、まだ萌芽的なものだった。一八七〇年代まで二〇万人前後でしかなかったメキシコシティの人口は、ディアス時代が終わる一九一〇年には四七万人を超える。それでも当時、市街化は旧市域を越えていない。ところが四〇年代以降、市街地は一気に旧市域を越えて広がっていく。そして首都圏の人口は、一九三〇年の約一二三万人から五〇年には約三〇五万人、七〇年には約六八七万人、八〇年には約八八三万人と爆発的に増加していった。その結果、一九〇〇年にはまだ全人口の約四％にすぎなかった首都圏人口は、八〇年には全人口の約一三％を占める。メキシコシティはまたたく間に世界最大級の都市となっていったのだ。

急激に増加した首都人口の大部分を占めたのは、農村から職を求めて流入してきた膨大な数の貧しい人々であった。コーネリウスは、一九四〇年代以降のメキシコシティの人口爆発を、農村の斥力と首都の引力の両面から説明している。一方で、急激な人口増加と農業の機械化、さらに新たに耕地化できる土地の欠乏は、農村において大量の過剰労働力を生み出した。一九四〇年から六〇年までで、土地のない農業労働者は七四％も増加したという。これらの貧農は、たとえ雇用にありついてもその条件は悪く、潜在的にはいつも下層の労働者として大都市や国境の北へ流出していく可能性があった。他方、雇用機会や社会的サービスの諸要素は、この時代を通じて首都で急速に増大していった。そして、このような生活条件の格差を、農民たちは次第にはっきりと実感するようになっていったのである。すでに彼らはトランジスターラジオを持ち、都会から流れてくる情報に耳を傾けていた。同時に政府は、全国に自動車道路網を張りめぐらしていったが、そのことが農民たちに、バスに揺られて都会に出ることを容易にしていた(Cornelius, 前掲書)。こうして、農民たちは親戚や知り合いの何人かを大都市に持つようになる。村のなかにも大都市で働き、住んだ経験のある者が増加してくる。いまや、メキシコシティは、農民の想像を超えた別世界というよりも、うまくすれば自分も成功のチャンスに恵まれるかもしれない具体的な場所として意識されていくのである。

この首都に向かう人口の激流の都市への定着パターンは、一九五〇年代までと六〇年代以降で異なっていた。五〇年代までは、オスカー・ルイスが『貧困の文化』で描いたように、流入してきた人々の多くは都心部の、上流階級が去ったあとの邸宅などを細かく分割して出来上がった「ベシンダー」と呼ばれる集合住宅に住みついていった。その後、彼らが家族の拡大に伴って郊外に移動することはあっても、まず流入人口は都心部のスラムに滞留したのである。

ところが六〇年代、都心部のスラムは飽和点に達し、質的にも劣化してくる。流入民たちは、次第に都市周縁部に形成された「コロニア・プロレタリア」に滞留し、この都市の最下層の労働力を構成していく。ピーター・W・ワードも、メキシコシティへの流入者が、最初は都心部のスラムに住みつき、やがて周縁部へと移っていくという従来の説を批判して、そうした二段階のパターンが成立したのは五〇年代までで、六〇年代以降はむしろ直接、周縁部に住みつく傾向が強まると指摘している(Peter M. Ward, *Mexico City*, Belhaven Press, 1990)。その結果、六〇年代以降、メキシコシティの北や東の外縁部、あるいは西や南でも谷間や山腹のようなところには、無数の貧困層の掘立て小屋居住区が形成されていくことになった。

このようなメキシコシティに点在する貧困層居住区のなかでも最大のものは、シティの東に隣接し、すでに人口一一〇万を超える「メキシコ第四の大都市」となったネサワルコヨトルだろう。この地区は、メキシコシティの爆発的な膨張のなかで、それ全体が不法占拠とヤミ分譲によって誕生した地域である。カルロス・G・ベレス＝イバニェスは、この地域で一九六九年から七四年まで展開された住民運動の拡大と収束のプロセスに焦点を当て、彼が「マージナリティの儀礼(rituals of marginality)」と呼ぶ、住民たちの社会的運動をPRIの支配体制に取り込んでいく過程が、貧困層の居住区でどう作動したのかを鋭く照射している。

彼が調査したのは「住民復権会議(Congreso Restaurador de Colonos, 以下CRC)」という、ネサワルコヨトル全体に広がった運動である。この運動は、一九六九年七月、ネサワルコヨトル分譲をめぐる超大型の「詐欺」、本来国有地たるべきこの土地が不動産業者によってまったく違法に分譲されたことを非難するところから出発した。鬱積する矛盾が限界にまで達していたこともあり、運動は急速に拡大していった。初期の運動の中核になったのは、ベラクルス州出身で、一九六一年からネサワルコヨトルに住みついていた大工職の人物である。彼は六八年以降、やがて彼に代わって組織の実権を握るもうひとりのリーダーの助言を受けながら、ネサワルコヨトル全域にわたる三二の下部組織をネットワーク化していった。

一九六九年七月の非難宣言が、ネサワルコヨトルの多くの住民に受け入れられたことにはいくつかの理由があった。まずこの宣言は、不動産業者による不正な分譲に、市や州、国の役人も関与していたこと、つまり何らかの重大な汚職があったことを指摘していた。第二に、公開された分譲会社経営者のリストは、彼らの多くが「外国人」であることを仄めかしていた。これらの指摘は、住民たちの国民的感情を刺激した。運動は、不当に売却された土地は再び「国民化」されなければならないこと、連邦政府は直接、この土地に介入して公共サービスを提供すべきことを訴えた。この条件が満たされるまで、CRCは住民に、あらゆる土地代金の返済や税金、公共料金の支払いをボイコットするよう呼びかけた。

CRCの運動は、一九六九年から七一年にかけて急拡大する。彼らは毎日曜、街頭に立ってビラを撒き、土地の不正な分譲や都市的サービスの欠如、飲料水の不足と汚染など、地域が抱える深刻な問題を取り上げた。そして、午後には野球場や空地で集会が開かれていく。集会は、ギター演奏や歌、リーダーの演説から成っていた。会場の正面には小舞台がセットされ、CRCの旗やメキシコ国旗に混ざってメキシコ革命の英雄エミリアーノ・サパタや改革派の大統領ベニート・フアレスをシンボライズする旗が立っていた。参加者のスタイルは多様で、麦藁帽子をかぶった年長者、ニットのジャケット姿の若者、インディヘナの服装の女性等が雑然と混じり、子どもたちは聴衆の間を走りまわっていた。ベレス＝イバニェスは、こうしたスタイルの多様さを、CRCの運動を支えた人々の構成の多様さの表れとして捉え、そこでは農村的なものと都会的なもの、民衆的な知恵と訓練された知識が混ざり合った政治的な場が誕生していたとした(Carlos G. Velez-Ibanez, *Rituals of Marginality*, University of California Press, 1983)。

最盛期のCRCについてのベレス＝イバニェスの描写で光彩を放つのは、地域の女性たちの自生的なネットワークについての記述である。昼間、地域に残るのは彼女たちの方であったということもあり、女性たちは、ネサワルコヨトルの運動において中心的な役割を演じた。運動が拡大し、当局との対立が激化するなかで、不払いを理由に立ち退きを迫る不動産業者やCRCのメンバーを逮捕しようとする警察を押し返していったのは地域の女たちであった。この女たちの活動を可能にしたのが、彼女たちを相互に結ぶ井戸端会議的なコミュニケーション・ネットワーク(gossip networks)の存在である。彼女たちは日々、このネットワークを通じて食料品の値段や水の状態、健康問題、学校についての情報を交換しあっていた。

このネットワークは、当局との闘いでも最大限活用された。たとえば、男たちが仕事に出た後、もしも警官や見知らぬ者がコロニアに侵入したのを発見すると、すぐさま情報が一帯に伝えられ、一〇分後にはインディヘナ・スタイルの三〇人から五〇人の女性たちが、自分たちの居住区を守るために集合するのだった。例として、ベレス゠イバニェスは一九七一年に彼が目撃したある日の出来事を挙げている。この日、市当局から判事と不動産業者の代表、警官が、不払いを続けていたある住民の立ち退きを執行するためにやって来た。情報はすぐさま伝えられ、三〇人を超える女とその子どもたち、それにわずか数名の男が問題の敷地の周りに集合し、座り込みを始める。そして判事の一人が敷地に近づこうとするや、行く手は十数人の女たちに阻まれてしまうのだった。やがて、女たちは判事たちを、「腰抜け！」とか「意気地なし！」とかいった言葉で罵り、また嘲り笑い始める。完全に侮辱されて逆上した警官が棍棒をふり上げると、今度は前面にいた一〇人ほどの女たちが彼らに向けて一斉に石礫を浴びせるのだった。判事たちは散々に雑言を浴びせられて、這々の体でその場から立ち去った。だが、女たちはそれで諦めたわけではない。彼女たちは一団の男たちを通りから連れ戻し、石で連打し、不動産業者の代表が着ていた服をひき裂いて、判事の肛門に棒をぐいっと突っ込んだ。

女たちによるこの過激な暴力は、象徴的な行為でもあった。「男らしさ(マッチョ)」が重要な価値であるこの国で、判事や不動産業者、警官は、その男性性を否定されたのだ。同様の象徴的暴力を、ネサワルコヨトルの女たちは様々な場面で発揮していた。最も戦闘的だった頃のCRCは、開発業者たちが土地代金徴収のために各所に建てた小屋にしばしば焼き討ちをかけた。こうした動きと呼応して、女たちも一風変わった襲撃を行う。彼女たちは、一〇人から二〇人ほどの集団を作ってそれらの小屋を「訪問」し、そこにあった物を略奪し、従業員を追い出し、もしもそのなかに男性がいようものなら、彼らを素っ裸にしてそこらにあった汚物でいっぱいの排水溝に放り込んでしまったという。彼女たちのこうした逞しさは、CRCの運動の重要な要素だった。運動は、彼女たちを不動産業者や行政当局に対抗させただけでなく、彼女たちが男性支配的な原理に集団で対抗していく機会も提供したのである。そうした経験を通じ、女たちの間には義兄弟のような関係が生み出されていった(Velez-Ibanez, ibid.)。

CRCの運動は、七一年を過ぎた頃から内部対立を深め、七三年、ルイス・エチェベリア大統領の裁定で不正大量分譲問題に一応の決着がつけられたのを機に収束していく。CRCのリーダーは次々にPRI体制内に地位を与えられ、運動は体制内化された。ネサワルコヨトルのように住民の多くが最下層の、定職を持たないインフォーマル・セクターに属する人々だった地域では、そのリーダーが支持者の要求を満たすには、経済的、政治的に資源の配分権を握る支配体制と結びつくしかなかった。つまり、運動のリーダーたちは体制の末端へと組み込まれていくのである。彼らは次第にＰＲＩ体制と非組織の貧困層との媒介項となり、ベレス＝イバニェスが「マージナリティの儀礼」と呼ぶ従属的関係性が織り成されていった。

❖最南端からＮＡＦＴＡを問う——チアパス先住民の反乱

メキシコシティの至るところに存在する亀裂が示しているのは、この国のナショナルな統合メカニズムのなかで正統性を与えられた社会秩序と、その下部に広がり、表向きの顔に亀裂を走らせながら、同時にそれを支えてもいるインフォーマルな社会秩序との緊張を孕んだ並立である。後者は時として前者に反旗を翻すが、いずれも「独立」と「革命」に象徴されるナショナルな統合の神話に捉えられており、その限りにおいて両者の間には調整的な関係が成立していた。だが、逆に言うなら、もしもこうしたナショナルな統合の神話が色あせて見えるようになったなら、二つの秩序の間の亀裂は一気に深刻な様相を帯びてくる可能性もあった。そして、急速に進行するアメリカ化の波は、これまでメキシコ社会がかかえる亀裂を隠蔽する役割を果たしてきたナショナルな統合に、ある疑いの余地を差し挟み始めていたのである。

そうした変化を示す出来事が、一九九四年冒頭、最南端のチアパス州で勃発した。ちょうどNAFTAが発効する一月一日を期し、チアパスの先住民・農民千数百人が武装蜂起し、かつての州都で、いまもこの地方の文化的中心であるサン・クリストバル・ラス・カサス市をはじめ、オコシンゴ、アルタミラノなどの州南部の主要都市を占拠したのだ。彼らは、メキシコ革命の英雄サパタの名前から「サパティスタ民族解放軍（EZLN）」を名乗り、NAFTA反対とメキシコの民主化、チアパスにおける先住民・農民の劣悪な生活状態の改善などを訴えていた。この「先住民の武装反乱」のニュースは、新年の眠りもさめやらぬ全世界のメディアを驚愕させたが、不意を衝かれた政府軍は慌てて一万数千人の陸軍を派遣し、また周辺の山林地帯への空爆を開始した。EZLNの兵士たちは、グアテマラとの国境地帯に広がるラカンドンの山岳密林地帯へと撤退する。一連の戦闘で死者は少なくとも一五〇人前後、一部には四〇〇人以上という報道もある。数日後、政府軍は主要都市を反乱軍から奪還したが、その後も陸軍基地や政府軍部隊、刑務所、送電施設などへのゲリラ的な攻撃が続いた。

チアパスの反乱は、私にも大きな驚きであった。メキシコに来てすでに三か月余りが過ぎ、この国の現実が決して一筋縄ではいかない入り組んだものであることはわかってきていたが、それでもメキシコシティのなかで生活している限り、あれほど大規模な武装反乱を予見することはできなかった。メキシコシティではもちろん、地方の旅先でも、武装反乱がこの国で起こることを予感させる不安定な雰囲気はまったく感じられなかったのである。

反乱から一か月間、夢中になって新聞や雑誌を買い漁ったが、ゼロから始めてまだ数か月の私のスペイン語では一つの記事を読むのに丸一日かかってしまいお手上げである。それでもいろいろな話を聞くなかで、この反乱が単に中南米の一地方のゲリラ活動というだけでなく、現代という時代を根底から問うほどの射程を持った重要な出来事であることは理解できてきた。実際、この国の知識人たちは、やがて繰り返しこの事件について論じ、「チアパスの反乱」を語ることを通してメキシコという社会がたどってきた道と現状についての考えを深め、自分の立場を鮮明にさせていくようになる。チアパスの反乱は、単にメキシコ政府に敵対する軍事行動だったのではなく、NAFTAに象徴されるようなアメリカ化の流れに身をまかせつつあった多くのメキシコ国民に対して問いを突きつける行為でもあったのだ。

言うまでもなく、チアパスの反乱の背景には、この地方の農民の悲惨な生活状態と民主主義の欠如、大地主による先住民の土地の非法な収奪がある。だが同時に、この地の民衆が、一八、一九世紀から外来の支配権力に抗して自分たちの生活世界を守る反乱を繰り返してきた人々であることも忘れてはならない。マヤ文明の末裔たる彼らは、文化的にはグアテマラとの連続性が強く、実際に一九世紀初めまでグアテマラ領の一部を成していた。一八二四年にメキシコに併合されるが、最初からこの国のナショナリズムに関与してきたわけではなく、いまでも独立意識が強い。メキシコシティを中心とする教会や王権の勢力と、グアテマラシティを中心とする教会や王権の勢力の中間地点にあり、鉱山資源に乏しかったことも手伝って、チアパスでは比較的遅くまで先住民たちの文化や独立心が守られたのである。それがまたこの州を、教会権力や国家権力に対する度重なる反乱の温床にもした。一六世紀にスペイン人がチアパスに来てから今日まで、一二〇を超える反乱がこの地では発生してきたとも言われている(Tom Buckley, "Academics Put Chiapas in Historical Context", *The News*, Jan. 10, 1994)。

チアパスで最初に大規模な先住民反乱が起きたのは一七一二年である。きっかけは、新大陸で土着の信仰とキリスト教が独特の仕方で融合しながら広まった聖母信仰にあった。一八世紀初頭、チアパスでは聖母信仰が人々の心を強く捉え、各地で聖母出現の奇跡が語られていた。まず、一七〇八年頃、シナカンタン村の隠者が、聖母が降臨し、インディオたちに恵みを与えるであろうことを予言した。彼は多くの信者を集めたが、偶像崇拝の兆候を読み取った教会は二度にわたりこの隠者を拘束し、最後には悪魔に取り憑かれた者として捕らえている。

隠者が姿を消した後、今度は村の貧しい女性や子どもが次々に聖母出現の奇跡に立ち会う。一一年秋、サンタ・マルタ村では、ドミニカ・ロペスという名の女性がトウモロコシ収穫の最中に聖母出現に出会う。やがて聖母は村人たちの前にも姿を現し、木像となって新たに建てられた礼拝堂に安置され、周辺の村々からも多くの巡礼者を集めるようになった。こうして村人たちの信仰の中心は教会から聖母の礼拝堂に移り、この礼拝堂を舞台として、四旬節のときの祝祭も行われていく。再び危険を感じた教会は、ロペスと夫を巧みに騙し、彼らと聖母像をサンタ・マルタ村からサン・クリストバルまで連れだし、聖母像を隠し、ロペスたちは牢に繋いだ。ところが翌一二年、今度はカンクック村で、マリア・カンデラリアという少女が再び聖母の出現に出会う。この時にも礼拝堂が建てられ、多くの信者を集めるが、教会はここでも礼拝堂を破壊しようとする。だがついに、村人たちは抵抗に立ち上がり、セバスティアン・ゴメスという指導者が現れてチアパス高原の三二の先住民諸部族を結び、六〇〇〇人の農民が、カトリック教会とスペイン人の支配からの自由を叫んでサン・クリストバルを取り囲んだ(Enrique Florescano, "Sublevación en Chiapas", 1–5, *La Jornada*, Enero 6–10, 1994)。

一九世紀後半、最大規模の先住民反乱が一八六九年に勃発する。事件はまず、サン・クリストバル近郊のチャムーラの貧しい部落ツァハルメヘルで羊番をしていた少女アグスティーナのもとに三つの黒い石が降ったことから始まった。少女がこの石を持ち帰ると、村人の間に神のお告げだという噂が広まり、チャムーラの村役クスカットが石を預かる。その夜、石を納められた箱がコツコツ、コツコツと音を立て始め、クスカットに語り始めたのである。この噂は周辺の村々に広まり、ツァハルメヘルは巡礼の地となっていく。この地域の司祭や支配層にとって、これは邪教の復活であった。彼らはクスカットを捕らえ、州政府に引き渡す。

ところが、ベニート・フアレス大統領の下で「改革」政策が推進されていたこの時代、州知事は伝統的支配層を牽制する意図からクスカットを釈放した。これを機にチアパスの村々の信仰は一層の高まりを見せ、クスカットはアグスティーナに従う女たちに洗礼を施したばかりか、周辺村落の村役に代え、みずから各村の新しい代表を任命するのである。もはや事態を黙視できなくなった支配層は、礼拝堂を破壊しクスカットとアグスティーナを拘留する。

これに対し、一八六九年の復活祭の金曜日、村人たちはアグスティーナの弟を十字架に架け、救世主の出現を待った。すると数か月して、救世主を名乗るスペイン系の血をひくラディーノの教師イグナシオ・ガリンドが弟子を伴って現れ、先住民たちの自由と収奪された土地の返還を訴える。彼はチャムーラの聖山ツォンテウィッツを拠点に軍事訓練を開始、やがて六月、ガリンドに率いられた一〇〇〇人を超える反乱軍は、教区の司祭を殺害し、支配層の経営する農園を次々に襲撃して奴隷状態にあった数千人の仲間を解放した。さらに勢いづいた七〇〇〇人余りは、鉄砲や槍、斧、棍棒、石投げ縄で武装したままサン・クリストバルに向かい、そこに駐留していた兵士たちを圧倒した(清水透『エル・チチョンの怒り』東京大学出版会、一九八八年)。

このクスカット＝ガリンドの反乱は、サン・クリストバル市が標的になっている点や、抑圧された先住民の解放を外部からやってきたラディーノが先導している点で、今回のチアパス蜂起に酷似する。清水によれば、一八六九年の蜂起の背景には、メキシコ独立以降の近代国家建設のプロセスで、それまでスペイン王権が先住民村落に保証してきた土地の共同体的な所有形態や村の自治権が脅かされていったことがあるという。一八二〇年代以降、チアパスでも州政府の手で私的所有権の原理に基づいた農地法が公布されていくが、その最大の犠牲となったのが先住民の共同体所有地であった。これらの土地は、所有権の未確定な土地と見なされて売却され、私的所有地へと転換される。その結果、先住民の村落は生活の基盤たる耕作地や入会地を農園主たちに奪われ、隷属的な労働を強いられていった。チャムーラの場合、一八四六年に副知事だったラモン・ララインサルは、その地位を悪用して村落の土地の八割を購入し、自身の農園に編入している。清水はさらに、国家の近代化の動きのなかで教会の財産の没収や権限の剥奪が次々に行われていったことが、先住民社会に一種の権威の空白状態を生んでいったのではないかと指摘している。一九世紀後半にはメキシコ全土で先住民の反乱が相次ぐが、その多くが近代化のなかでインディオ村落に矛盾が集中していったことを背景にしていた。

そして、今回の三回目の大反乱である。一九世紀後半の先住民反乱が、共同体所有地の収奪と教会権威の空洞化によって引き起こされたとするならば、今回の反乱の背景にあるのは、グローバル資本主義によるメキシコの収奪への不安と「革命」の規範の空洞化であったと考えられよう(Carlos Fuentes, "Chiapas, donde hasta las piedras gritan", *La Jornada*, Enero 7, 1994)。二〇世紀初頭のメキシコを激しく襲った革命の波は、実質的な社会改革の力を南部の諸州にまで及ぼさなかったが、それでもかつての教会に代わる新しい権威のシステムを「革命」という言葉を依代《よりしろ》としながらこの国の全土に打ち立てた。このシステムはPRI体制として整備され、ナショナルな統合のメカニズムを様々な生活場面で発動させてきた。

だが、NAFTA発効に象徴される、グローバルな資本主義へのメキシコ経済のより徹底した統合は、「革命」のイデオロギーがこれまで通りの仕方で作動し続けるのを不可能にする。EZLNの反乱が、それまでのメキシコ社会の雰囲気を一気に変えてしまうほどのインパクトを持ち得たのも、このところ進んできたアメリカ化とNAFTA加盟が内包する不安定化の契機を、彼らが正確に衝いていったからであろう。

チアパスの反乱はまた、自分たちの反乱の社会的意味を巧みなメディア戦略を通じて広くアピールしていた。蜂起したその日から、彼らはメキシコの民主主義を問う、様々なメッセージを新聞や雑誌、インターネットを使って発信していった。彼らは「声明をファックスを通じて公表し、続いてコミュニケが直接、様々なニュースメディアへ送られた。第二に、マスメディアを通じて伝えられたその行動と諸要求は、メキシコの国内外でその動向に関心を抱く多くの人々をつなぐコンピュータ・コミュニケーションのネットワークを通じて、彼らの要求や行動についてのレポートが自然発生的にしかも迅速に流通したことによってさらに補強」された（ハリー・クリーヴァー「チアパスの叛乱」『インパクション』八五号、一九九四年）。

首謀者と目される副司令官マルコスという覆面のリーダーは、メディアのインタビューに積極的に応じ、自分たちの問題意識を伝えていった（彼が「副司令官」なのは、「司令官」は民衆だから）。こうした活動の結果、彼らはメキシコ世論を味方につけただけでなく、マルコスはその雰囲気からメキシコの若い女性たちの人気も得ていった。彼らの反乱は最初から、グローバルな情報網を前提とし、武力では対抗できない政府から譲歩を引き出していったのである。

チアパスでの出来事は、アメリカ化するメキシコとは異なるもう一つのメキシコを厚みのある形で浮上させた。一方のアメリカ化と他方のチアパス。この二つのリアリティは、揺れ動く現代メキシコのなかで互いに交差し、衝突している。一方で、高度化する消費社会的現実は、ますます場所に依存しない形で全地球を覆っている。だが同時に、ネサワルコヨトルやチアパスに見られたようなゲリラ戦的状況も、おそらく今後、全地球的な現象となっていくに違いないのだ。メキシコは、こうした現代的状況を集約的に示す社会である。

メキシコに住んでいると、アメリカを中心とした世界の変化が、斜め下の方から、つまり正面からでなくそのやや背後から見えてくる。今日のメキシコの錯綜した現実は、決して単純な階級対立ではないし、表層の消費文化の周縁に民衆的な「貧困の文化」があるのでもない。そこでは支配的なものと従属的なもの、資本主義的なものと民俗的なものが結びついており、それらは排他的な二つの空間の存在を示すわけでも、単純な階級的対立状況を示すわけでもないのである。私のメキシコでの経験は、一方ではコヨアカンの異質な街区の向こうにネサワルコヨトルのような居住区の歴史が浮かび上がってきたように、また他方ではNAFTAに象徴されるアメリカ化の動きのなかで、チアパスの農民が自らの存在を全世界の人々に突きつけていったように、緊張を帯びながら相互浸透する位相のなかに継起していた。

初出

第1章～第6章

『世界』二〇一八年一～三月号および五～七月号

終章

『現代思想』一九九四年九月号(原題「メキシコ・シティ 1993/94」)

(のちに『リアリティ・トランジット』紀伊國屋書店、一九九六年、所収)

いずれも今回新書にまとめるにあたって、加筆・修正を行ったものです。

なお、本文中に登場する人物や団体の名称・肩書等は基本的に掲載当時のものです。

あとがき──キューバから眺める

二〇一八年六月、滞米生活を終えた私と妻は、キューバの首都ハバナにいた。キューバ行きを決めたのに深い理由はなかった。五月下旬に授業関連の業務はすべて終わるから、帰国前にどこか一週間ほど旅行に行くつもりではあった。いろいろな人の体験談を聞くうちに、キューバ案が急浮上した。だから十分な準備もなく、ただ旅行者として訪れたのである。

入国に際し、まず驚いたのはその容易さである。電子機器は自由に持って入れるのか、滞在の理由を詳しく審問されないかと心配したが、何のことはない、入国ビザはフロリダの空港のカウンターで五〇ドルを払えば簡単に手に入った。入国審査も至って簡単、拍子抜けするほどだった。入国後、ハバナでは大きなホテルで簡単に両替ができた。この簡単さには理由があった。キューバの通貨には人民ペソ(CUP)と兌換《だかん》ペソ(CUC)の二つがあり、外国人が使えるのは後者である。そのレートは一ドルが一ペソと定められており、一CUCは二五CUPの価値がある。しかし、たとえば一〇〇ドルを出しても戻るのは八三ペソで、一七ペソは税金となる。ビザでも両替でも、外国人観光客はキューバ政府の大切な収入源なのである。

かつてメキシコに住んでいた時にも感じたが、中南米の人々は原理主義からほど遠く、状況に応じた使い分けがうまい。そもそもの状況が多層的で、白か黒かをはっきりさせられるようなものでは到底ないのだ。だから幾重にも矛盾を含んだ状況に適応し、人々の生活が出来上がっている。たとえば世界でハバナほど、一九五〇年代のアメリカのビンテージカーが街中を疾走している都市はない。革命前まで、ハバナはアメリカのマフィアが支配する酒とギャンブルで潤う歓楽の街だった。そこにフィデル・カストロが現れ、状況を一八〇度転換させたのだ。しかし戦火には見舞われなかったので、キューバの人々は社会主義下でも五〇年代のアメリカの豪華な車を自前で修理しながら使い続けた。優れたアメ車リサイクル社会である。

他方でハバナには、スペイン植民地時代の街並みが見事に残っている。一六世紀以降、スペイン船が中南米で収奪した富をごっそり本国に持ち帰る際、メキシコ湾流の関係でハバナに停泊するのが好都合だった。ハバナはヨーロッパと中南米の貿易の最大の中継地となり、一八世紀には大いに繁栄した。さらに一九世紀、ラテンアメリカ各地で独立革命が起きるなかで、スペインはハバナを自由貿易港とすることでキューバ支配層を懐柔し、彼らは最後までスペインの植民地にとどまるのである。そして二〇世紀、米西戦争を経てキューバはスペインから独立はしたが、それは実質的にアメリカの経済植民地となっていく道だった。禁酒法により国内で酒が飲めなくなったアメリカ人たちは、キューバまで来て酒を飲み、カジノで賭け、富豪たちは別荘を建てた。キューバの大規模農園の農場主の多くはニューイングランドに住むアメリカ人で、キューバは一九五〇年代まで、ボストンやニューヨークの経済と直結していた。

つまりキューバでは、スペイン帝国や大英帝国、そして帝国化するアメリカが、教会や砦や路石、一つひとつの建物に刻まれている。カストロの社会主義は、キューバをアメリカの歓楽経済のための半植民地からソ連の衛星国家に転換させ、過去との連続を断ち切ろうとしたが、それとて完遂されたわけではない。しかも革命初期には、対米関係を修復することが様々に模索されていたわけで、キューバにとってアメリカは、あまりにも近く、圧倒的な存在なのだ。

この他者との関係はいかなるものであったのか――。ハバナの路地を歩いていけば、街角のあちこちに人民のための配給所があり、カストロやゲバラの肖像ポスターも貼られている。しかし、それらのすぐ横にはマリリン・モンローのポスターもあり、ハリウッドのスターたちのイメージも普通に街角で見かける。つまり資本主義と社会主義、アメリカとキューバの境界線は、それほど明瞭に海峡で隔てられていない。ハバナではキューバの知識人やアーティストの何人かにインタビューする機会に恵まれたが、彼らは子どもの頃から、普通にアメリカのテレビ番組を視聴し、ポップミュージックを聞きながら育ったという。キューバはフロリダにあまりにも近く、アメリカからの電波をシャットアウトすることは不可能だった。

つまるところ、アメリカとメキシコ、キューバの関係には、日本や北朝鮮とは異なる鏡像的次元がある。そもそも一八世紀半ば、スペインが対英戦争に敗れてハバナを占領され、苦肉の策でフロリダを割譲するまで、キューバもフロリダも同じようにスペイン領だったのだし、一九世紀半ばに米墨戦争で敗れるまで、テキサス、カリフォルニア、ネヴァダ、ユタ、アリゾナ、ニューメキシコといったアメリカの南半分はメキシコ領だった。つまり今日のアメリカは、キューバやメキシコからその領土の半分近くを奪い取り、残りを他者化することで出来上がっている。「トランプのアメリカ」は、こうして出来上がったアメリカとその他者との関係に、さらなる予測困難な変調を生じさせている。だから第6章での北朝鮮についての議論に、メキシコやキューバからの視点を続けるなら、今、「トランプのアメリカ」をめぐり世界で生じている変調が、ポスト冷戦期世界のいかなる位相を示すのかもおぼろげに見えてくるはずだ。

本書を閉じるにあたり、私のハーバード滞在が実に多くの人々の支援によってこそ実りあるものになったことを、心からの感謝とともにここで述べたい。まず、私をハーバード大学での教育に導いてくださり、言葉で尽くせないほど助けてくれたのは、同大学のアンドリュー・ゴードン先生だった。ゴードン先生を含め、私の授業から生活まで実に多方面の支援をしてくださったのは、エドウィン・O・ライシャワー日本研究所のみなさんで、所長(当時)のテッド・C・ベスター先生、ギャビン・H・ホワイトロー先生、隅々まで完璧にサポートしてくれたステイシー・マツモトさん、ユカリ・スワンソンさん、他にも多くの同研究所の方々に大変お世話になった。また、授業を担当した東アジア言語文明学科では、学科長のデヴィッド・ハウエル先生、ご自身の研究室を研究休暇期間中、私に貸してくださった依田富子先生、授業に映像を取り入れる際に多大な助力をしてくれたアレクサンダー・ザルテン先生、私の授業で優秀なTAを務めてくれたキンベリー・サンダースさん、スーザン・テイラーさんに深く感謝したい。また、マサチューセッツ工科大学(MIT)教授の宮川繁先生には、公私にわたり大変深くお世話になった。ジョン・W・ダワー先生との昼食会をアレンジして下さったのも宮川先生である。そこで本書の話をした機縁で、今回、ダワー先生から本書の帯に推薦の言葉をいただくことができ、心から嬉しく思っている。そして最後に、本文で触れたライシャワー邸を私たち家族の滞在のために提供してくださり、日常生活でも温かく助けてくださったビル・ハント、ユーコ・蔭山・ハント夫妻には、どれほど感謝の言葉を述べたらいいかわからない。

本書で直接には触れていないが、ハーバード滞在中、MIT、ピッツバーグ大学、コロンビア大学、デューク大学、ボストン・カレッジ、ブリティッシュ・コロンビア大学などでも講義や講演の機会をいただいた。いずれの場でも大変刺激的な議論ができ、自分の大きな学びとなった。それぞれの機会を与えてくださった先生方にもこの場を借りてお礼申し上げたい。

最後に、本書の諸章は、雑誌『世界』に六回にわたり連載したものである。毎月、締切に迫られることがなければ、短期間で本書が完成することはなかった。これはひとえに連載を担当して下さった『世界』前編集長の清宮美稚子さん、また本書の姉妹編である『親米と反米』(岩波新書)と共に、この本でも企画段階から担当してくれた上田麻里さんのおかげである。お二人の助力で、二〇一八年秋のアメリカ中間選挙前に本書を出版できることを嬉しく思う。

二〇一八年八月一五日

吉見俊哉

主な引用・参考文献

会田弘継『トランプ現象とアメリカ保守思想』左右社，2016 年
ヴァンス，J. D.『ヒルビリー・エレジー』関根光宏・山田文訳，光文社，2017 年
ウィリス，ポール『ハマータウンの野郎ども』熊沢誠・山田潤訳，筑摩書房，1985 年
上杉忍・巽孝之編著『アメリカの文明と自画像』ミネルヴァ書房，2006 年
ウェーバー，マックス『プロテスタンティズムの倫理と資本主義の精神』大塚久雄訳，岩波文庫，1989 年
ウォルフ，マイケル『炎と怒り　トランプ政権の内幕』関根光宏・藤田美菜子訳，早川書房，2018 年
大治朋子『勝てないアメリカ』岩波新書，2012 年
柏岡富英『アメリカの思考回路』PHP 研究所，1996 年
金成隆一『ルポ トランプ王国』岩波新書，2017 年
カミングス，ブルース『北朝鮮とアメリカ　確執の半世紀』杉田米行監訳，古谷和仁・豊田英子訳，明石書店，2004 年
――『朝鮮戦争論』栗原泉・山岡由美訳，明石書店，2014 年
辛島理人「戦後日本の社会科学とアメリカのフィランソロピー」『日本研究』45 巻，2012 年
苅谷剛彦『アメリカの大学・ニッポンの大学』中公新書ラクレ，2012 年
ギトリン，トッド『アメリカの文化戦争』疋田三良・向井俊二訳，彩流社，2001 年
グインター，スコット・M.『星条旗　1777–1924』和田光弘ほか訳，名古屋大学出版会，1997 年
久保文明/東京財団「現代アメリカ」プロジェクト編著『ティーパーティ運動の研究』NTT 出版，2012 年
クライン，ナオミ『ショック・ドクトリン』上下巻，幾島幸子・村上由見子訳，岩波書店，2011 年
クリーヴァー，ハリー「チアパスの叛乱」小倉利丸訳，『インパ

クション』85 号，1994 年
黒沼ユリ子『メキシコの輝き』岩波新書，1989 年
河野博子『アメリカの原理主義』集英社新書，2006 年
ゴードン，アンドルー編『歴史としての戦後日本』上下巻，中村政則監訳，みすず書房，2002 年
小林由美『超・格差社会アメリカの真実』日経 BP 社，2006 年
——『超一極集中社会アメリカの暴走』新潮社，2017 年
逆井聡人「皮膜としての「民衆」」『建築討論』日本建築学会ウェブマガジン，2018 年
サンデージ，スコット・A.『「負け組」のアメリカ史』鈴木淑美訳，青土社，2007 年
ジェイコブズ，ジェイン『壊れゆくアメリカ』中谷和男訳，日経 BP 社，2008 年
シプラー，デイヴィッド・K.『ワーキング・プア』森岡孝二・川人博・肥田美佐子訳，岩波書店，2007 年
清水透『エル・チチョンの怒り』東京大学出版会，1988 年
ジョンソン，チャルマーズ『アメリカ帝国への報復』鈴木主税訳，集英社，2000 年
——『帝国解体』雨宮和子訳，岩波書店，2012 年
菅英輝『冷戦と「アメリカの世紀」』岩波書店，2016 年
スケイヒル，ジェレミー『アメリカの卑劣な戦争』上下巻，横山啓明訳，柏書房，2014 年
スコッチポル，シーダ『失われた民主主義』河田潤一訳，慶應義塾大学出版会，2007 年
鈴木透『性と暴力のアメリカ』中公新書，2006 年
スノー，ナンシー『情報戦争』福間良明訳，岩波書店，2004 年
想田和弘『THE BIG HOUSE アメリカを撮る』岩波書店，2018 年
橘由加『アメリカの大学教育の現状』三修社，2004 年
巽孝之編著『反知性の帝国』南雲堂，2008 年
谷聖美『アメリカの大学』，ミネルヴァ書房，2006 年
ダワー，ジョン・W.『容赦なき戦争』猿谷要監修，斎藤元一訳，平凡社ライブラリー，2001 年
——『忘却のしかた，記憶のしかた』外岡秀俊訳，岩波書店，

2013 年
――『アメリカ　暴力の世紀』田中利幸訳，岩波書店，2017 年
チョムスキー，ノーム『アメリカンドリームの終わり』寺島隆吉・寺島美紀子訳，Discover 21，2017 年
堤未果『ルポ 貧困大国アメリカ』岩波新書，2008 年
――『(株)貧困大国アメリカ』岩波新書，2013 年
――『沈みゆく大国　アメリカ』集英社新書，2014 年
トクヴィル『アメリカのデモクラシー』全 4 冊，松本礼二訳，岩波文庫，2005–08 年
トバクマン，ベンジャミン『カルチャーショック ハーバード VS 東大』大学教育出版，2008 年
トムスン，エドワード・P.『イングランド労働者階級の形成』市橋秀夫・芳賀健一訳，青弓社，2003 年
トランプ，ドナルド・J./シュウォーツ，トニー『トランプ自伝』相原真理子訳，ちくま文庫，2008 年
中山俊宏『アメリカン・イデオロギー』勁草書房，2013 年
西谷修『アメリカ　異形の制度空間』講談社選書メチエ，2016 年
波多野澄雄『歴史としての日米安保条約』岩波書店，2010 年
パッカード，ジョージ・R.『ライシャワーの昭和史』森山尚美訳，講談社，2009 年
ハーディング，ルーク『共謀』高取芳彦・米津篤八・井上大剛訳，集英社，2018 年
バーバー，ベンジャミン・R.『予防戦争という論理』鈴木主税・浅岡政子訳，阪急コミュニケーションズ，2004 年
パリサー，イーライ『フィルターバブル』井口耕二訳，ハヤカワ文庫，2016 年
ハルトゥーニアン，ハリー『アメリカ〈帝国〉の現在』平野克弥訳，みすず書房，2014 年
ハンチントン，サミュエル『分断されるアメリカ』鈴木主税訳，集英社文庫，2017 年
樋口映美・中條献編『歴史のなかの「アメリカ」』彩流社，2006 年
フェッファー，ジョン『アメリカの対北朝鮮・韓国戦略』栗原泉・豊田英子訳，明石書店，2004 年

福田充『テロとインテリジェンス』慶應義塾大学出版会，2010年
フクヤマ，フランシス『アメリカの終わり』会田弘継訳，講談社，2006年
藤代裕之『ネットメディア覇権戦争』光文社新書，2017年
藤原帰一『デモクラシーの帝国』岩波新書，2002年
プリースト，デイナ/アーキン，ウィリアム『トップシークレット・アメリカ』玉置悟訳，草思社，2013年
ホガート，リチャード『読み書き能力の効用』香内三郎訳，晶文社，1974年
ボドナー，ジョン・E.『鎮魂と祝祭のアメリカ』野村達朗ほか訳，青木書店，1997年
ホーフスタッター，リチャード『アメリカの反知性主義』田村哲夫訳，みすず書房，2003年
松尾文夫『銃を持つ民主主義』小学館，2004年
松田武『対米依存の起源』岩波現代全書，2015年
マレー，チャールズ『階級「断絶」社会アメリカ』橘明美訳，草思社，2013年
マン，マイケル『論理なき帝国』岡本至訳，NTT出版，2004年
ミアーズ，ヘレン『アメリカの鏡・日本 完全版』伊藤延司訳，角川ソフィア文庫，2015年
水島治郎『ポピュリズムとは何か』中公新書，2016年
ムーア，マイケル『アホでマヌケなアメリカ白人』松田和也訳，柏書房，2002年
森本あんり『アメリカ的理念の身体』創文社，2012年
油井大三郎『好戦の共和国　アメリカ』岩波新書，2008年
吉見俊哉『親米と反米』岩波新書，2007年
――『アメリカの越え方』弘文堂，2012年
ライアン，デイヴィッド『9・11以後の監視』田島泰彦監修，清水知子訳，明石書店，2004年
ライシャワー，エドウィン・O.『日本近代の新しい見方』講談社現代新書，1965年
――『日本への自叙伝』大谷堅志郎訳，NHK出版，1982年
――『ライシャワー自伝』徳岡孝夫訳，文藝春秋，1987年

リッジウェイ，ジェームズ『アメリカの極右』山本裕之訳，新宿書房，1993 年
リラ，マーク『難破する精神』会田弘継監訳，山本久美子訳，NTT 出版，2017 年
リンド，R. S./リンド，H. M.『ミドゥルタウン』中村八朗訳，青木書店，1990 年
ルイス，オスカー『貧困の文化』高山智博・宮本勝・染谷臣道訳，ちくま学芸文庫，2003 年
ローティ，リチャード『アメリカ　未完のプロジェクト』小澤照彦訳，晃洋書房，2000 年
渡辺将人『分裂するアメリカ』幻冬舎新書，2012 年
渡辺靖『アフター・アメリカ』慶應義塾大学出版会，2004 年

Allcott, Hunt, et al., "Social Media and Fake News in the 2016 Election", *Journal of Economic Perspectives*, Vol. 31, No. 2, 2017
Bettie, Julie, "Class Dismissed? Roseanne and the Changing Face of Working-Class Iconography", *Social Text* 45, Vol. 14, No. 4, Duke University Press, 1995
Blow, Charles M., "A Rebel, a Warrior and a Race Fiend", *The New York Times*, Sept. 25, 2017
Bomey, Nathan, *After The Fact: The Erosion of Truth and the Inevitable Rise of Donald Trump*, Prometheus Books, 2018
Buckley, Tom, "Academics Put Chiapas in Historical Context", *The News*, Jan. 10, 1994
Conrad, Sebastian, "'The Colonial Ties are Liquidated': Modernization Theory, Post-War Japan and the Global Cold War", *Past and Present*, Vol. 216, 2012
Cornelius, Wayne A., *Politics and the Migrant Poor in Mexico City*, Stanford University Press, 1975
Farrow, Ronan, *War on Peace: The End of Diplomacy and the Decline of American Influence*, W. W. Norton & Company, 2018
Florescano, Enrique, "Sublevación en Chiapas", 1–5, *La Jornada*, Enero 6–10, 1994

Freedman, Samuel G., "Politics Has Always Had a Place in Football", *New York Times*, Sept. 24, 2017
Frum, David, *Trumpocracy: The Corruption of the American Republic*, Harper, 2018
Fuentes, Carlos, "Chiapas, donde hasta las piedras gritan", *La Jornada*, Enero 7, 1994
Greenblatt, Stephen, *Tyrant: Shakespeare on Politics*, W. W. Norton & Company, 2018
Jacoby, Susan, *The Age of American Unreason in a Culture of Lies*, Vintage, updated edition, 2018
Johnston, David Cay, *The Making of Donald Trump*, Melville House, 2016
——, *It's Even Worse Than You Think*, Simon & Schuster, 2018
Kantor, Jodi, et al., "Harvey Weinstein Paid Off Sexual Harassment Accusers for Decades", *New York Times*, Oct. 5, 2017
Lee, Janet, "Subversive Sitcoms: *Roseanne* as Inspiration for Feminist Resistance", *Women's Studies*, Vol. 21, Gordon and Breach, Science Publishers SA, 1992
Levitsky, S., D. Ziblatt, *How Democracies Die*, Crown, 2018
Ravin-Havt, Ari, et al., *Lies, Incorporated: The World of Post-Truth Politics*, Anchor Books, 2016
Silverman, Craig, "This Analysis Shows How Viral Fake Election News Stories Outperformed Real News On Facebook", *BuzzFeed News*, Nov. 16, 2016
——, "Most Americans Who See Fake News Believe It, New Survey Says", *BuzzFeed News*, Dec. 6, 2016
Velez-Ibanez, Carlos G., *Rituals of Marginality*, University of California Press, 1983
Ward, Peter M., *Mexico City*, Belhaven Press, 1990
Zuk, Rhoda, "Entertaining Feminism: 'Roseanne' and Roseanne Arnold", *Studies in Popular Culture*, Vol. 21, No. 1, 1998

吉見俊哉

1957年東京都生まれ.
1987年東京大学大学院社会学研究科博士課程単位取得退学
現在—東京大学大学院情報学環教授
専攻—社会学・文化研究・メディア研究
著書—『都市のドラマトゥルギー—東京・盛り場の社会史』(弘文堂, のち河出文庫)
『カルチュラル・スタディーズ』『視覚都市の地政学—まなざしとしての近代』(以上, 岩波書店)
『ポスト戦後社会』『親米と反米—戦後日本の政治的無意識』『大学とは何か』(以上, 岩波新書)
『「文系学部廃止」の衝撃』『大予言—「歴史の尺度」が示す未来』『戦後と災後の間—溶融するメディアと社会』(以上, 集英社新書)ほか多数.

トランプのアメリカに住む　岩波新書(新赤版)1736

2018年9月20日　第1刷発行
2019年1月7日　第3刷発行

著　者　吉見俊哉《よしみしゅんや》

発行者　岡本　厚

発行所　株式会社　岩波書店
〒101-8002 東京都千代田区一ツ橋2-5-5
案内 03-5210-4000　営業部 03-5210-4111
http://www.iwanami.co.jp/

新書編集部 03-5210-4054
http://www.iwanamishinsho.com/

印刷・理想社　カバー・半七印刷　製本・中永製本

ISBN 978-4-00-431736-4　Printed in Japan

岩波新書新赤版一〇〇〇点に際して

ひとつの時代が終わったと言われて久しい。だが、その先にいかなる時代を展望するのか、私たちはその輪郭すら描きえていない。二〇世紀から持ち越した課題の多くは、未だ解決の緒を見つけることのできないままであり、二一世紀が新たに招きよせた問題も少なくない。グローバル資本主義の浸透、憎悪の連鎖、暴力の応酬——世界は混沌として深い不安の只中にある。

現代社会においては変化が常態となり、速さと新しさに絶対的な価値が与えられた。消費社会の深化と情報技術の革命は、種々の境界を無くし、人々の生活やコミュニケーションの様式を根底から変容させてきた。ライフスタイルは多様化し、一面では個人の生き方をそれぞれが選びとる時代が始まっている。同時に、新たな格差が生まれ、様々な次元での亀裂や分断が深まっている。社会や歴史に対する意識が揺らぎ、普遍的な理念に対する根本的な懐疑や、現実を変えることへの無力感がひそかに根を張りつつある。そして生きることに誰もが困難を覚える時代が到来している。

しかし、日常生活のそれぞれの場で、自由と民主主義を獲得し実践することを通じて、私たち自身がそうした閉塞を乗り超え、希望の時代の幕開けを告げてゆくことは不可能ではあるまい。そのために、いま求められていること——それは、個と個の間で開かれた対話を積み重ねながら、人間らしく生きることの条件について一人ひとりが粘り強く思考することではないか。その営みの糧となるものが、教養に外ならないと私たちは考える。歴史とは何か、よく生きるとはいかなることか、世界そして人間はどこへ向かうべきなのか——こうした根源的な問いとの格闘が、文化と知の厚みを作り出し、個人と社会を支える基盤としての教養となった。まさにそのような教養への道案内こそ、岩波新書が創刊以来、追求してきたことである。

岩波新書は、日中戦争下の一九三八年一一月に赤版として創刊された。創刊の辞は、道義の精神に則らない日本の行動を憂慮し、批判的精神と良心的行動の欠如を戒めつつ、現代人の現代的教養を刊行の目的とする、と謳っている。以後、青版、黄版、新赤版と装いを改めながら、合計二五〇〇点余りを世に問うてきた。そして、いままた新赤版が一〇〇〇点を迎えたのを機に、人間の理性と良心への信頼を再確認し、それに裏打ちされた文化を培っていく決意を込めて、新しい装丁のもとに再出発したいと思う。一冊一冊から吹き出す新風が一人でも多くの読者の許に届くこと、そして希望ある時代への想像力を豊かにかき立てることを切に願う。

（二〇〇六年四月）

岩波新書より

現代世界

岩波新書/最新刊から

1743 **大化改新を考える** 吉村武彦著

例えば『日本書紀』の「雨乞い」記事から、何が読みとれるか。徹底した史料解読を通じて日本史上最も有名な大改革の実態に迫る。

1744 **移民国家アメリカの歴史** 貴堂嘉之著

近代世界のグローバルな人流や、日本・中国などアジア系移民の歴史経験に着目して、「移民の国」のなりたちと理念をとらえる。

1745 **アナキズム**
―一丸となってバラバラに生きろ 栗原康著

人生は爆弾だ。正しさをぶちこわせ！歌い、叫び、笑う、アナキストの精神。主義を超えた真実への問いがアナーキーな文体で炸裂。

1746 **日本の同時代小説** 斎藤美奈子著

激動の半世紀、「大文字の文学の終焉」が言われる中にも、小説は書き続けられてきた！ついに出た、みんなの同時代文学史。

1747 **幸福の増税論**
―財政はだれのために― 井手英策著

「公・共・私のベストミックス」の理念のもと、すべての人に「ベーシック・サービス」を。財政・社会改革の未来構想を語り尽す。

1748 **給食の歴史** 藤原辰史著

明暗二つの顔を持つ給食。貧困、災害、運動、教育、世界という五つの視角によって、知られざる歴史に迫り、今後の可能性を探る。

1749 **認知症フレンドリー社会** 徳田雄人著

医療的な対応だけでなく社会そのものを変えてみよう。図書館や新たな就労の場等を当事者と共に創っている、先進的な国内外の実践。

1750 **百姓一揆** 若尾政希著

「反体制運動ではなかった」、「竹槍や蓆旗《むしろばた》は使われなかった」――大きく転換した百姓一揆の歴史像から、近世という時代を考える。

(2018.12)